Bloggen

Der leichte Einstieg ins Bloggen.
Reichweite Aufbauen, Kunden Gewinnen
und Geld verdienen durch Bloggen.
Inklusive Schritt für Schritt Anleitung.

Digital Academy

Inhaltsverzeichnis

1. Einleitung

Blogger gehört zu den meistgenannten Berufszielen junger Leute. Während sie früher Tierarzt, Friseur oder Raumfahrer werden wollten, wollen sie heute nur noch Blogger und Influencer sein, tolle Produkte testen und geschenkt bekommen, und von anderen jungen Leuten bewundert und angehimmelt werden. Noch dazu werden Influencer gut bezahlt und können sich leisten, was sie wollen, sofern sie es nicht sowieso von den Unternehmen bekommen. Dass das natürlich nur auf das obere eine Prozent der Blogger zutrifft, und die meisten Blogger ihrem Hobby nicht hauptberuflich nachgehen, das merken junge Leute spätestens dann, wenn sie selbst mit ihrem eigenen Blogprojekt ins Web gehen. Trotzdem bereitet Bloggen nicht nur Teenagern und jungen Erwachsenen Spaß. Menschen jeden Alters erfreuen sich daran, über ihr Leben oder ein besonderes Thema zu berichten und ihre Erfahrungen mit ihren Lesern zu teilen.

Der Blog wird als Marketinginstrument auch von Unternehmen genutzt, wenn auch nicht unbedingt zum Teilen schöner Fotos oder toller Erlebnisse. Vielmehr nutzen sie es als kommunikatives Medium, um mit ihrer genau definierten Zielgruppe regelmäßig relevante Neuigkeiten und Einblicke zu teilen, und sich teilweise auf einem sehr hohen fachlichen Niveau auszutauschen. Das kann auch im „War of Talents" ein immenser Vorteil sein - denn wenn ein Unternehmensblog vermuten lässt, dass im Unternehmen die fachliche Messlatte hoch angesetzt wird, sind auch hochbegabte und qualifizierte Bewerber gleich viel interessierter.

Ob Hobby oder Beruf - Bloggen besteht aus mehr als schönen Fotos und interessanten Texten. Wer eine Website betreibt, sollte sich zumindest etwas damit auskennen, wie eine Website überhaupt funktioniert, was HTML und CSS sind und welcher Hostinganbieter der Richtige ist. Auch eine rechtliche Komponente gibt es, denn jeder, der eine Website betreibt, muss im Impressum sagen, wer er ist - und noch weitere rechtliche Rahmenbedingungen kennen und berücksichtigen.

Letztendlich möchte jeder Blogger mit seinem Projekt Erfolg haben, sei es finanziell oder nur in der Form, dass die Leser gerne wiederkommen und ihre Meinung zum Ausdruck bringen. Das stellt sich nicht von alleine ein, sondern erfordert Arbeit und kontinuierliches Engagement. Aller Anfang ist schwer, doch selbst heute lässt sich mit viel Liebe und etwas freier Zeit ein Blog aufbauen, den die Leserschaft gerne immer wieder besucht und mit dem sich auch Geld verdienen lässt, wenn das denn das Ziel der Sache ist.

2. Eine kurze Geschichte des Bloggens

Bereits in den Anfängen des Internets gab es einige wenige Websites, deren Betreiber auf dieser Plattform persönliche Meinungen abgaben oder eine Art Onlinetagebuch führten. Echte Blogs waren das aber noch nicht, denn sie hatten aufgrund der geringen Verbreitung des Internets kaum Leser und meistens auch keine Möglichkeit der Interaktion. Trotzdem unterstreichen schon diese frühen „Blogs“ das Bedürfnis des Menschen, seine Eindrücke und Erlebnisse auch anderen zugänglich zu machen und neue Wege zu finden, sich mit anderen Interessierten auszutauschen.

Mit dem Web 2.0 entstanden neue Möglichkeiten hinsichtlich der Interaktion über das Internet. Neben den Foren, bei denen es bis heute um Gespräche untereinander geht, waren Blogs als Kommunikationsplattform eines oder mehrerer Autoren zu einer Zielgruppe eines der ersten Ergebnisse dieser Möglichkeiten. In dieser Zeit war es sowohl schwierig als auch leicht, einen Blog zu gründen. Schwierig deswegen, da es noch wenig Erfahrung damit gab und kaum jemand Tipps, Tricks und Anleitungen für die typischen Probleme der Blogosphäre anbot. Man war auf sich allein gestellt. Einfach war es wiederum, da selbst weitverbreitete Hobbys wie Kochen, Fotografie oder eine bestimmte Sportart noch kaum eine Stimme hatten und wenn überhaupt, dann nur wenige andere Blogger in diesem Segment unterwegs waren.

Das Bloggen entwickelte sich mit zunehmender Verbreitung des Zugangs zum Internet und schon bald boten WordPress, Blogspot (heute blogger.com) und andere eine technische Umgebung an, die den Start sehr vereinfachte. Man brauchte keine eigene Domain, konnte aus verschiedenen Themes und Templates wählen und erwünschte Funktionen mit einem Mausklick freischalten oder auch wieder abstellen.

Viele der heutigen starken Themen wie Mode, Ernährung oder Sport zeichneten sich damals als führende Themen ab und es kamen immer mehr Blogs auf, die sich thematisch damit befassten.

Spätestens jetzt entwickelten sich die ersten Blogger in eine spezielle Nische hinein, um nicht mehr, wie alle anderen dazustehen. Sie schrieben beispielsweise über ganz spezielle Berufe wie die Prostitution, die Pflege in einem bestimmten Segment oder auch über das Leben als professionelle Blogger. Heute gibt es Blogs aller Ausprägungen, manche davon sind sogar sehr persönlich und intim. Blogger trauen sich, auch über private Themen zu schreiben, um die gesellschaftliche Aufmerksamkeit auf sie zu richten, darunter etwa Erkrankungen, Behinderungen, Armut oder Ehrenämter. Viele Blogger bleiben natürlich bei den Top-Themen wie Beauty oder Mode, finden aber innerhalb dieser Gebiete ihre Spezialisierung. Ein Food-Blogger beispielsweise kocht und backt nicht wild durch die verschiedenen Länderküchen, sondern baut vielleicht auf dem Balkon seltene Gemüsearten an und schreibt schwerpunktmäßig darüber, was man aus diesen machen kann.

Schlussendlich wuchs der Blog als interaktive Website und die sozialen Netzwerke immer enger zusammen. Sie bieten einem Blogger Möglichkeiten der Kommunikation, die er auf seinem Blog gar nicht hat oder nur mit großem Aufwand verwirklichen könnte. Blogger werden immer mehr zu Strategen, und lernen durch ihr Hobby Fähigkeiten und Hintergründe, für die andere eine Karriere im Marketing absolvieren müssen. Sie wissen, was auf welchem Kanal funktioniert, sind fit in der Bedienung sozialer Netzwerke und ihrer eigenen Webplattform und wissen auch, wie sie herausfinden, was ihre jeweilige Zielgruppe interessiert, und wie sie sich von der breiten Masse der anderen Blogger in ihrem Thema abheben können.

3. (Web-)Technologien für Blogger

Die Welt der Blogger kommt in sanften Pastelltönen mit viel Glitzer, Wärme und Liebe daher, doch etwas Technik gehört trotzdem dazu. Vor dem Start eines Blogs sollte sich der Blogger darüber klar werden, was auf ihn zukommt und womit er sich intensiver befassen muss. Schließlich gilt es, eine Website zu betreiben, und das eine oder andere soziale Netzwerk zu bedienen. Technisch werden kann es auch dann, wenn das Blogprojekt sehr fotografielastig ist und Wert auf schöne Bilder gelegt wird. Denn dann ist der Blogger nicht nur Website-Betreiber und Social-Media-Fachmann, sondern auch Fotograf und Mediengestalter. Ist das erst einmal erlernt und umgesetzt, will sicherlich jeder Blogger wissen, ob die Arbeit gut ankommt, sodass es an die Erfolgsmessung geht.

3.1 Wie funktioniert eine Website?

Eine Website liegt zunächst auf einem Server. Dort ist gespeichert, wie sie aussehen soll, wie die Bilder und Texte angeordnet sind und welche Funktionen sie hat. Eine einfache Website beruht bereits auf mehreren Auszeichnungs- und Programmiersprachen. Am einfachsten sind noch HTML und CSS. HTML formatiert Texte und Bilder, CSS gibt das Design vor. Diese beiden Sprachen werden als Auszeichnungssprachen bezeichnet. Die Programmiersprachen steuern wiederum die Funktionen einer Website. Es gibt beispielsweise PHP, das für Funktionen wie Kontaktformulare und das Kommentarfeld wichtig ist, sowie JavaScript, mit dem sich beispielsweise nachverfolgen lässt, was die Besucher der Website genau gelesen haben.

Ruft nun ein Leser die URL eines Blogs auf, also die Adresse, mit der er übers Internet erreichbar ist, so sendet er eine Anfrage an den Server, auf dem sie liegt. Der Server antwortet und schickt in seiner Antwort den Bereich der Website mit, der aufgerufen wurde. Das kann die Startseite sein, aber auch eine Unterseite oder nur ein einzelnes Bild.

Wenn dieser Aufruf korrekt vonstattenging, ist die Rede von einem sogenannten Status Code 200. Dieser sagt aus, dass alles in Ordnung ist. Werden hingegen andere Status Codes ausgegeben, sind das Hinweise für den Webentwickler, wo er den Fehler suchen muss.

3.2 Domain? Subdomain?

Jeder Blogger steht vor der Entscheidung, mit welchem technischen Hintergrund er arbeiten möchte. Natürlich ist es möglich, einen Blog komplett selbst zu programmieren, doch wer nicht gerade übers Programmieren bloggen möchte, wird sich diesen Aufwand nicht zumuten wollen. Dann lieber auf ein fertiges System setzen oder - mit den richtigen Kenntnissen - aus einer Vorlage genau das machen, was man sich vorgestellt hat.

Es gibt Systeme wie blogger.com oder WordPress, die dem Blogger all die technischen Belange aus der Hand nehmen und ihn mit einem beinahe fertigen Blog in die Welt hinausschicken. Es reicht eine Anmeldung, dann wird der Name festgelegt und das Design ausgesucht - schon kann es losgehen! Die Website kostet nichts und heißt dann zunächst beispielsweise meinblog.wordpress.com. Das wird als Subdomain bezeichnet. Der „Sub"-Teil steht vor der eigentlichen Domain, hier heißt diese wordpress.com. Auf diese Weise können Blogsysteme neuen Bloggern einen fertig eingerichteten Blog mit nur wenigen Klicks anbieten. Viele erlauben die Verwendung aber auch mit einer eigenen Domain, etwa meinblog.de.

Eine Subdomain ist zunächst eine einfache Möglichkeit, ohne finanziellen Aufwand auszuprobieren, ob man sich mit dem Bloggen anfreunden kann und möchte. Wer feststellt, dass das nichts für ihn ist, meldet den Blog einfach wieder ab und hat nichts verloren. Viele Blogger wollen auf Dauer aber von der Subdomain weg und sind dann sogar bereit, Geld für eine eigene Domain auszugeben oder gar den eigenen Hostinganbieter auszuwählen, anstatt ihren Blog bei einem Blogsystem hosten zu lassen. Subdomains prägen sich schwieriger ein, da der Leser immer auch die Domain sieht. Da sehr viele Hobbyblogger auf die bequemen Blogsysteme setzen, haben sie mittlerweile leider auch den Ruf, etwas für Hobbyblogger zu sein. Und das, obwohl es einige sehr gute und professionelle Blogger gibt, die seit Jahren auf diese Art arbeiten und sich einfach den Aufwand ersparen wollen. Wer sich später mit dem Thema Suchmaschinenoptimierung befasst, also mit der Auffindbarkeit des Blogs in Google und Co, wird außerdem feststellen, dass Subdomains schlechter auffindbar sein können als eine eigene Domain für den Blog.

Mit der eigenen Domain steht der Name des Blogs im Vordergrund und sonst nichts. Es ist jetzt auch möglich, eine eigene E-Mail-Adresse anzulegen, etwa hallo@meinblog.de. Falls einmal ein Leser Kontakt aufnehmen will oder gar Unternehmen eine Zusammenarbeit anfragen, wirkt das gleich viel professioneller. Die eigene Domain kann auch dann genutzt werden, wenn der Blog bei einem Dienst wie blogger.com oder WordPress gehostet wird. Das bedeutet, die Inhalte liegen auf den Servern dieser Dienstleister. Wer das nicht will, bezahlt einen eigenen Hostinganbieter dafür, die Inhalte bereitzustellen. Das äußert sich oft in schnelleren Ladezeiten des Blogs, ist also spätestens dann zu empfehlen, wenn der Blog eine gewisse Größe und Leserschaft erreicht hat. Außerdem steht so wesentlich mehr Speicherplatz zur Verfügung und weitere Blogs können ohne Schwierigkeiten angelegt werden.

3.3 Welches Blog-CMS passt zu mir?

Ein CMS (Content Management System) ist die Bezeichnung für eine einfache Eingabemaske, mit deren Hilfe ein Blogger seine Texte und Bilder online stellen kann. Das CMS erlaubt die einfache Formatierung von Text und Medien, sodass keine Kenntnisse in HTML und

CSS mehr erforderlich sind, um erfolgreich einen Blog zu betreiben. In der Praxis helfen sie natürlich trotzdem weiter und erlauben, kreativer zu arbeiten und eigene Anpassungen vorzunehmen, die das CMS alleine nicht ermöglicht.

Selbst erfahrene Webentwickler, die durchaus in der Lage wären, ohne ein CMS zu arbeiten, nutzen dieses aus Bequemlichkeit sehr gerne. Blogger, die selbst wenige oder keine Kenntnisse in der Programmierung haben, kommen ohne ein solches System fast gar nicht aus. Es gibt eine breite Auswahl an Möglichkeiten, doch letztlich muss jeder Blogger selbst entscheiden und ausprobieren, welches CMS am besten zu ihm und seinem Vorhaben passt.

Blogger.com

Blogger.com war früher als Blogspot bekannt, und war eines der ersten kostenfreien Blogsysteme vom Anfänger bis zum Profi. Es gehört heute zu Google. Das bedeutet, dass der eigene Blog mit einem Google-Konto in wenigen Klicks schnell erstellt ist. Der neue Blog kann dann auch gleich nahtlos mit allen Google-Tools wie Google Analytics verbunden werden. Bei anderen CMS kann die Einrichtung etwas aufwendiger sein. Blogger.com bietet eine breite Auswahl an Themes, aus denen Blogger wählen können. Es ist möglich, komplett kostenlos ohne die eigene Domain zu arbeiten; es kann aber natürlich eine eigene Domain genutzt werden, wenn das relevant wird. Die Arbeit mit Blogger.com ist für Anfänger optimal, denn das System achtet auf Nutzerfreundlichkeit und hat einen nicht allzu großen Funktionsumfang, sondern ist auf das wirklich Notwendige reduziert. Viele professionelle Blogger arbeiten nach wie vor gerne mit ihrer ursprünglichen Lösung von Blogger.com. Genauso viele wechseln aber irgendwann auf ein anderes System, da natürlich auch die Erwartungen je nach Projekt mitwachsen und sich verändern.

WordPress

WordPress ist seit 2004 für eine breite Öffentlichkeit verfügbar und ist das führende Blogsystem. Dieses CMS schaffte es, jedes Nutzerbedürfnis vom Anfänger bis zum Profi zu befriedigen und für kleine sowie für sehr große Blogs Lösungen zu entwickeln, die es langfristig tragfähig machen. Bei WordPress handelt es sich um ein sogenanntes Open Source CMS, was bedeutet, dass jeder interessierte Entwickler neue Themes und Plugins entwickeln kann. Das sind Funktionen, die im WordPress-Standard so nicht enthalten sind. Die Entwickler-Community bei WordPress ist mittlerweile riesig und es gibt fast keine Funktion mehr, die es nicht gibt. Auch das trug maßgeblich zum Erfolg von WordPress bei.

Auch WordPress startete mit dem Versprechen, in 5 Minuten zum eigenen Blog zu kommen. Das ist bis heute möglich. Genau wie bei Blogger.com wählen neue Blogger ihr Design und ihren Namen und schreiben binnen weniger Minuten bereits an ihrem ersten Beitrag. Anpassungen sind jederzeit möglich; so mancher heutige Programmierer hat sich seine Kenntnisse anhand von WordPress selbst beigebracht.

WordPress ist kostenlos und bleibt es auch dann, wenn eine eigene Domain genutzt wird. Die Software kann auch auf einem eigenen Server bei einem eigenen Hostinganbieter installiert werden, wenn mehr Kontrolle über den eigenen Blog gewünscht ist. Der Nachteil ist, das WordPress inzwischen ein gewaltiges System ist und vieles mitbringt, was der einzelne Blogger gar nicht braucht. Wenn das zu viel wird, dann kann das die Seitenladezeit beeinträchtigen - und diese ist wichtig für zufriedene Leser. Da WordPress so weit verbreitet ist, gibt es immer wieder Hackerangriffe. Das wissen natürlich auch die Entwickler und beugen Sicherheitslücken mit regelmäßigen Updates vor. Diese bedeuten etwas manuellen Aufwand für den Blogger, um sich zu schützen.

Serendipity

Serendipity ist gar nicht mehr so neu, gilt aber dennoch als echter Geheimtipp für Blogger. Es unterscheidet sich in seiner Funktionsweise kaum von WordPress, ist allerdings besser vor Hackerangriffen geschützt und bietet somit für den Blogger mehr Sicherheit.

Etwas Programmierkenntnisse sollte man als Blogger jedoch mitbringen, wenn man mit Serendipity arbeiten möchte. Die Auswahl an Themes und Plug-ins ist überschaubar, obwohl es eine aktive Community rund um das CMS gibt. Diese beantwortet gerne und bereitwillig Fragen und unterstützt sich gegenseitig bei den Herausforderungen mit dem CMS. Wer also etwas anpassen will, was sehr wahrscheinlich ist, sollte wissen, wie das geht. Der Editor von Serendipity, mit dem der Blogger seine Beiträge verfasst, mutet inzwischen etwas veraltet an. Doch das ist nur ein minimaler Schönheitsfehler, und gut damit arbeiten lässt es sich auch nach heutigen Standards noch.

Für Serendipity braucht der Blogger zwingend einen eigenen Server oder einen Hostinganbieter sowie eine eigene Domain. Es steht nur als Download zur Installation auf dem eigenen System zur Verfügung. Somit eignet es sich für Blogger, die dazu schon bereit sind und wissen, wie sie eine Blog-Software auf einem Server installieren. Für Anfänger eignet sich das System dagegen nicht - es sei denn, sie wollen gleich von Beginn an lernen, mit dem technischen Part des Bloggens umzugehen.

Typo3, Contao oder Joomla!

Diese drei CMS sind ebenfalls sogenannte Open-Source-Systeme. Sie sind alle kostenlos und lassen sich bei vielen Hostinganbietern mit wenigen Klicks installieren, da sie so gängig und weit verbreitet sind. Allerdings sind sie von Haus aus keine Blogsysteme, sondern lassen sich zu solchen umbauen. Für jemanden, der schon etwas Erfahrung im Bloggen hat, ist das kein Problem. Für absolute Anfänger dagegen erweist sich das oft als zu kompliziert für den Einstieg.

Jedes dieser CMS hat seine individuellen Vor- und Nachteile. Typo3 beispielsweise lässt sich zu einer Website fast jeder Größenordnung ausbauen und wächst mit den Anforderungen seines Nutzers. Joomla! und Contao sind im Umfang kleiner und eignen sich gut für Blogger, die lediglich die wesentlichen Funktionen eines Blogs nutzen und mit nichts Anderem abgelenkt werden wollen.

4. Wie finde ich mein Blogthema?

Bloggen ist eine Henne-Ei-Geschichte. Manche Blogger hatten erst die Idee, worüber sie schreiben wollen, und sind dann auf den Blog als Möglichkeit gestoßen, ihrer Kreativität Ausdruck zu verleihen. Andere wollten unbedingt mit einem eigenen Blog an den Start gehen, starteten vielleicht sogar ohne klares Konzept und entwickelten dieses dann aus den Feedbacks ihrer Leser heraus, die ihnen mitteilten, was sie hören und sehen wollten. Zumindest grob wussten aber auch sie, ob sie lieber übers Kochen und Backen oder über den Einbau von KFZ-Teilen schreiben wollten.

4.1 Was liegt mir?

„Schreibe darüber, was du gut kennst" - so lautet ein häufiger Tipp an angehende Autoren. Genauso könnte man einem angehenden Blogger auf die Sprünge helfen, denn Bloggen ist in seiner multimedialen Vielfalt sogar fast noch anspruchsvoller als kreatives Schreiben alleine. Das kann anstrengend werden und so sollte sich der Blog mit einer Thematik befassen, mit der man sich als Blogger selbst gut identifiziert und die Freude bereitet. Je besser man sich damit auskennt und tiefes fachliches Wissen hat - umso besser!

Bloggen über das eigene Hobby ist immer eine gute Idee. Dabei spielt es keine Rolle, ob man es gerade begonnen hat oder gar in der Szene schon einen Namen hat. Als Anfänger kann man über die Höhen, Tiefen und Herausforderungen schreiben, die man als Neuling in diesem Hobby hat. Andere, die ebenfalls gerade begonnen haben, werden dem Blog gerne folgen, um sich auszutauschen, während Erfahrene vielleicht Tipps und Hilfestellungen geben können. Als Profi hingegen kann man sich einer interessierten Leserschaft sicher sein, die lernen und von Erfahrungen eines Fachmanns oder einer Fachfrau profitieren möchte.

Viele Blogger schreiben inzwischen auch über ihre Berufe. Es muss gar kein besonders seltener oder im Fokus stehender Beruf sein. Einblicke in das Leben eines Rechtsanwalts, einer Krankenschwester und sogar einer Prostituierten haben in der Vergangenheit schon viele sehr spannende Blogs jahrelang am Leben gehalten. Es gibt beispielsweise den Shop-Blogger (www.shopblogger.com), der einen Supermarkt leitet und über den Alltag schreibt, oder den bloggenden Rechtsanwalt Udo Vetter, der unter www.lawblog.de Einblicke in seinen Alltag und die aktuelle Rechtsprechung bietet. Solche Themen locken vielleicht nicht das 15-jährige Instagram-Sternchen an, aber dafür die wirklich interessierte Zielgruppe, die sich darüber auf teils hohem Niveau austauschen möchte.

4.2 Was kann ich realisieren?

Klar wäre ein Blog über den Reitsport eine tolle Idee. Wer aber nur einmal die Woche zum Reitunterricht geht, hat genau diese eine Gelegenheit, die Themen für den Blog zu sammeln und Fotos zu machen. Das ist vielleicht etwas wenig und der Blog wäre schwer regelmäßig zu befüllen. Doch vielleicht steht genau dieser Blogger jeden Abend in der Küche und kocht ein gesundes Abendessen? Es wäre viel realistischer, einen Blog über gesunde Ernährung zu starten, denn die Vorlagen für neue Beiträge stehen täglich auf dem Esstisch.

Bloggen besteht heute längst nicht mehr nur aus der Erstellung eines Textes. Leser wollen Bilder, Videos und dann vielleicht noch ein lustiges Boomerang-Video auf dem Insta-Account. Das alles kostet Zeit und muss umgesetzt werden. Deswegen sollte das Thema des Blogs ein so fester Bestandteil des Alltags sein, dass sich regelmäßig neues „Futter" für den Blog anbietet. Oder aber das Blogthema kann ab jetzt stärker ins Leben integriert werden, auch wenn es zunächst nur zum Zweck des Bloggens ist.

4.3 Was gibt es noch nicht?

Es gibt wahrscheinlich heutzutage kein Blogthema mehr, das es nicht bereits gibt. Wenn doch, sollte dieses E-Book jetzt sofort zur Seite gelegt und der fehlende Blog angelegt werden, bevor ein anderer Schreiberling die Idee umsetzt. Was es aber gibt, sind Nischenthemen.

Koch- und Back-Blogs beispielsweise gibt es wie Sand am Meer. Doch welchem dieser tollen Blogs soll ein interessierter Leser nun regelmäßig folgen? Schön und liebevoll gestaltet sind sie alle, die Rezepte sind alle bestens recherchiert und erprobt und von Fotografie und Dekoration haben die Food-Blogger auch alle sichtlich Ahnung. Ein Veganer wird aber kaum einem Food-Blog folgen, der sich auf die Zubereitung hochwertigen Bio-Fleischs spezialisiert hat. Für ihn sind eher die anderen veganen Blogger interessant. Am meisten vielleicht der eine Blogger, der selbst einen vollen Tag mit Beruf, Kind und Haus hat und sich auf einfache, aber leckere vegane Rezepte spezialisiert hat, die man auch nach Feierabend noch kochen kann, ohne dafür einen Kredit bei der Bank aufzunehmen und für schwer zu bekommende Zutaten zum Hofladen aufs Land zu fahren.

Nischen machen selbst solche Blogs interessant und lesenswert, die sich innerhalb eines aktuellen Trendthemas bewegen. Damit setzt sich jeder Blogger in feinen Nuancen von allen anderen ab und begeistert damit zwar nicht mehr jeden Leser, aber dafür genau die, mit denen er auch selbst am meisten anfangen kann.

5. Schritt für Schritt zum fertigen Blog

Das Thema ist gefunden, der Blogger ist voller Tatendrang und hat vielleicht schon die Titel für die ersten Blogbeiträge im Hinterkopf. Es soll losgehen! Mit diesem einfachen Schritt-für-Schritt-Plan kann ein Blog planvoll umgesetzt und bereit für den reibungslosen Start gemacht werden.

5.1 Die Auswahl des Blogsystems

Zunächst muss eine Entscheidung für ein Blogsystem getroffen werden. Wenn es ein System wie Blogger.com werden soll, dann reicht eine schnelle Anmeldung und dieser Schritt ist erledigt. Soll es sich hingegen gleich um eine Profilösung handeln, dann sollte man sich vorher über den richtigen Hostinganbieter informieren und sich intensive Gedanken um den Namen des Blogs machen, damit die Wunschdomain registriert werden kann. Diese Entscheidungen dürfen ruhig Zeit in Anspruch nehmen, denn mit ihnen sollte man eine Weile leben können. Ein Umzug eines Blogs auf eine neue technische Infrastruktur kann anstrengend und langwierig werden.

5.2 Das Auge isst mit - wie soll der Blog aussehen?

Nach der Registrierung eines Blogs oder der Sicherung der Wunschdomain und der Einrichtung des CMS kommen zunächst angenehmere Aufgaben. Das Design darf ausgesucht und eingerichtet werden!

Blogsysteme bieten fertige sogenannte Themes und Templates. Das sind Designvorlagen, die von professionellen Webentwicklern erstellt wurden. Viele sind kostenlos, die sehr hochwertigen Vorlagen kosten hingegen Geld. Dafür bieten sie auch Unterstützung bei der Einrichtung und werden regelmäßig upgedatet, um für größtmögliche Sicherheit zu sorgen. Manche Entwickler nehmen sogar kleine individuelle Anpassungen am Design nachträglich vor. Gegen Bezahlung können sie natürlich jeden Wunsch realisieren.

Bei der Auswahl eines Designs sollte man sich folgende Fragen stellen:

- Welche Funktionen will ich in meinem Blog anbieten, die das Theme abdecken muss? Welche sind am wichtigsten?
- Welche Farbe will ich hauptsächlich nutzen?
- Welches Farbschema passt zu meinem Thema?
- Will ich ein eigenes Logo? Wenn ja, passt es zum Theme?
- Bin ich bereit, Geld für ein hochwertiges Theme zu zahlen?

Das Theme lässt sich zwar jederzeit anpassen, sodass theoretisch alle Funktionen eines Blogs damit umsetzbar sind. Das kostet allerdings Zeit und - wenn der Blogger das nicht selbst kann - auch Geld. Deswegen sollte ein Theme möglichst viele der benötigten Funktionen des Blogs von Haus aus mitbringen. Umso einfacher wird der Start damit.

Design ist ein recht schwieriges Thema, denn es geht über subjektives optisches Gefallen weit hinaus. Themes dienen nicht nur dazu, einen potenziellen Leser anzusprechen, sondern sie sollen ihn ohne viel Aufwand durch die Seite führen. Trotzdem soll der Blog auch gut aussehen, denn einen Blog liest man deswegen, da man sich persönlich von seinem Gesamtkonzept angesprochen fühlt. Ein Blog ist Herzenssache - das Farbschema darf also durchaus nach persönlichem Gefallen ausgesucht werden. Genauso sollte es aber zum Thema passen, denn ein eher technisch ausgerichteter Blog wird wohl kaum ernst genommen, wenn er in Pastellrosa daherkommt. Wenn es ein Logo gibt, dann muss sich das Farbschema des Themes an dieses anpassen.

Es gibt sehr schöne fertige Themes mit einer Spanne an voreingestellten Funktionen für die gängigen Blog-CMS. Sie lassen sich in wenigen Klicks herunterladen und installieren dabei gleichzeitig die erforderlichen Plug-ins für die vorgesehenen Features. Dadurch sieht ein Blog von Beginn an sehr professionell aus und nicht jeder Blogger hat das gleiche Theme. Sie haben aber einen Nachteil - sie kosten meist Geld. Je nach Funktionsumfang kann das eine kleine Investition bedeuten. Grundsätzlich ist es nicht verkehrt, für ein hochwertiges und passendes Theme Geld zu bezahlen, denn dadurch hat es alles, was es braucht, um den Blog zum Erfolg zu machen.

Außerdem umgeht man das Risiko, sich für ein nicht ganz so gut passendes Theme zu entscheiden und dann nach kurzer Zeit doch wieder mit viel Aufwand den Blog umzustellen. Weiterhin bieten die Designer und Entwickler solcher Themes oft auch Support, falls es zu Fragen oder Schwierigkeiten kommen sollte. Bei einem kostenlosen Theme bleibt oft nur die Community des jeweiligen Blogsystems. Dennoch muss jeder Blogger selbst entscheiden, ob er grundsätzlich bereit wäre, Geld für ein professionelles Theme auszugeben. Soll der Blog wirklich dauerhaft betrieben werden, dann lohnt es sich allemal. Wer hingegen nur experimentieren will, kann das für den Anfang auch mit einem kostenlosen Design - dieses hat nebenbei einen hohen Lerneffekt, da viele Anpassungen vorgenommen werden müssen.

5.3 Blogeinrichtung: Vorbereitung ist alles

Ein fertiger Blog mit allen erforderlichen Funktionen ist Voraussetzung für einen erfolgreichen Start. Denn andernfalls lässt sich der Blogger bei seiner eigentlichen Arbeit nur von technischen Fehlern und Funktionen ablenken, die noch nicht laufen, wie sie sollen. Deswegen hat es sich bewährt, bei aller Lust aufs Schreiben lieber zuerst den Blog final einzurichten und dann mit voller Konzentration loszulegen.

Bei der Einrichtung sollte man sich an folgenden Fragen orientieren:

- Welche Funktionen braucht mein Blog?
- Was davon ist schon da?
- Was fehlt?
- Welche Plug-ins brauche ich, um die fehlenden Funktionen zu aktivieren?

Ein gängiges Blogprojekt braucht ein Kommentarfeld, vielleicht eine Social-Media-Integration, ein Kontaktformular... das alles ist im Blog-CMS oft schon vorinstalliert und in wenigen Klicks aktiviert. Dann folgen aber die Funktionen, die nicht bereits da sind. Blogger, die stark in den sozialen Netzwerken sind, wollen vielleicht auf ihrer Startseite den Instagram-Feed anzeigen, um ihre Blogbeiträge durch die Fotos zu ergänzen, die sie jeden Tag auf Instagram posten. Aus den fehlenden Funktionen sollte zunächst eine Liste erstellt werden, um dann recherchieren zu können, welche Plug-ins infrage kommen. Inspiration kann man sich bei anderen Blogs holen. Welche Features weisen diese Blogs auf, die man selber gerne hätte? Oft lässt sich herauslesen, welche Plug-ins dieses Feature ermöglicht haben.

Anschließend müssen die betreffenden Plug-ins installiert und vielleicht eingerichtet werden. Wer beispielsweise wissen will, wie viele Besucher der Blog hat und was diese sich anschauen, braucht ein Webanalyse-Tool, etwa Google Analytics oder Matomo (ehemals Piwik). Hierfür muss dem Plug-in zur Einbindung mitgeteilt werden, wie die Tracking-ID lautet. Das macht nicht viel Arbeit, sollte aber auch nicht dann erst erledigt werden, wenn man sich aufs Schreiben fokussieren möchte.

5.4 Social Media: Welche Netzwerke sind wichtig?

Früher war es vollkommen ausreichend, den Blog und sonst nichts zu pflegen. Das kann auch heute noch ausreichen, hängt aber von der Zielgruppe und den Inhalten des Blogs ab. Viele Blogger setzen parallel gerne auf Social Media und sehen diese Möglichkeiten als Ergänzung und Bereicherung der Kommunikation mit ihrer Zielgruppe. Sie schaffen es vielleicht nicht täglich, einen neuen Beitrag zu posten, oder wollen das auch gar nicht. Trotzdem teilen sie ihren Followern gerne kurz mit, was sie treiben, und dazu eignen sich Facebook, Instagram und Co optimal.

Es müssen natürlich nicht alle sozialen Netzwerke bedient werden, die sich anbieten. Wichtiger ist die Frage: Wo hält sich meine Zielgruppe auf, und welches Netzwerk passt überhaupt zu meinen Inhalten? Ein Food-, Fitness- oder Fashion-Blogger beispielsweise will vielleicht nicht täglich im Blog posten, aber zumindest kurz den Fans mitteilen, was es heute zum Frühstück gab, wie die Tagesziele im Fitnessstudio aussehen oder wie das Outfit heute aussieht. Dazu eignet sich etwa Facebook, Instagram oder auch Snapchat gut. Es müssen auch gar nicht alle sozialen Netzwerke abgearbeitet werden - wer Bloggen als Hobby sieht, sollte nur diejenigen bespielen, die wirklich Spaß machen.

Mit den sozialen Netzwerken ist es genau wie mit den Features, die neue Plug-ins ins Spiel bringen. Sie werden am besten vorher schon eingerichtet, damit sie bei der redaktionellen Arbeit später nicht durch „Kinderkrankheiten“ vom Wesentlichen ablenken. Das erfordert zwar etwas Zeit, ist es aber allemal wert.

5.5 Der erste Blogbeitrag

Endlich ist es so weit! Der Blog sieht zwar noch leer aus, aber er steht, und ist bereit für seinen ersten Beitrag. Die sozialen Netzwerke, die am meisten Sinn machen, und auf die der Blogger auch Lust hat, sind eingerichtet und warten auf ihre ersten Posts. Jetzt kann es losgehen mit der Redaktion.

Ganz gleich, wie das Thema des ersten Beitrags lautet - perfekt sein muss er keinesfalls. Irgendwann, in ein paar Jahren, blickt jeder Blogger mit erhobenen Augenbrauen auf seinen allerersten Beitrag zurück und freut sich insgeheim, jetzt auf einem ganz anderen Level zu sein. Das ist vollkommen normal. Trotzdem ist dieser erste Beitrag ein wichtiger Meilenstein, denn er wird es sein, den die künftigen Leser als Erstes sehen, wenn sie den neuen Blog besuchen.

Bevor drauflos geschrieben werden kann, muss ein Thema gefunden werden. Das ist gar nicht so einfach, denn jeder Blogger sprudelt nur so vor Einfällen, wenn er gerade erst losgelegt hat. Folgende Ideen bieten sich an:

- Warum gibt es diesen Blog, und wie hat alles angefangen?
- Warum gerade dieses Thema? Was bedeutet es dem Blogger ganz persönlich?
- Ohne Umschweife zur Sache: der erste Beitrag von vielen

Ihren ersten Blogbeitrag nutzen Blogger gerne für eine kurze Vorstellung und ein paar Worte dazu, warum es den Blog gibt und was sie als Blogger mit ihrem Blog-Thema verbindet. Diesen Beitrag lassen sie oft lange auf ihrer Startseite stehen und ermöglichen neuen Besuchern damit einen stimmigen Einstieg in ihre Arbeit. Ganz nebenbei sparen sie sich dadurch eine „Über mich"-Seite, wenn sie diese nicht möchten. Ein solcher Beitrag ist kein Muss, aber er ist ein guter Start und bietet auch etwas Übung im Umgang mit dem neuen Blog. Blogger, die noch keinen fertig ausgearbeiteten Redaktionsplan haben, aber immerhin schon starten wollen, finden in einem solchen Einstiegsbeitrag ein optimales Thema, und der Blog ist schon nicht mehr ganz leer, bis sie mit dem „Tagesgeschäft“ loslegen.

Es spricht aber auch nichts dagegen, gleich voll ins Thema des Blogs einzutauchen und den ersten Beitrag zu verfassen, so, als sei er einfach einer von vielen. Auch das hat seinen Reiz, denn so können Leser gleich herausfinden, ob sie sich mit dem Thema und dem Blogger anfreunden können, den Schreibstil sympathisch finden und wiederkommen möchten. Für den Blogger selbst ist es auch keine schlechte Idee, denn so findet er umso eher heraus, wie viel Aufwand er für einen typischen Blogbeitrag einplanen muss. Wie lange braucht es, bis die Fotos so aussehen, wie sie sollen? Fällt das Schreiben eher schwer oder geht es leicht und locker von der Hand? Was würde es langfristig vereinfachen, und wie viel Planung erfordert ein wirklich guter Blogbeitrag vorab?

6. Redaktionelle Arbeit beim Bloggen

Ein Blog bedeutet vor allem eines: Redaktion. Doch was genau bedeutet das, und worauf sollte sich ein Blogger einstellen?

Zunächst einmal müssen Blogbeiträge geschrieben werden. Doch es hört beim Schreiben noch lange nicht auf. Viele Blogprojekte sind heutzutage sehr bildlastig und setzen auf hochwertige Fotos oder erfordern sogar Videos. All das ist Arbeit, auch wenn sie Spaß macht. Dennoch muss sie geplant werden und man sollte sich wie für jedes andere Hobby dafür Zeit freihalten. Erfahrene Blogger haben eine Reihe von Arbeitsweisen, Methoden und Abläufen entwickelt, die neue Blogger sich von ihnen abgucken und so ummodeln können, dass sie auch zu ihnen passen. Natürlich muss ein Hobby-Blogger nicht innerhalb kürzester Zeit zur durchgetakteten Mediaagentur werden, aber planvolles Arbeiten erleichtert doch sehr vieles.

6.1 Was bedeutet Redaktion?

Jeder Blogger hat zwangsläufig mit Redaktion zu tun. Doch was ist das eigentlich, und was kann man sich darunter vorstellen?

Beim eigenen Blog bedeutet es, dass die Inhalte gefunden und geplant, erstellt und online gestellt werden müssen. An diese Reihenfolge kann man sich auch praktisch halten und danach arbeiten.

Zunächst bedeutet Redaktion Themenfindung. Die ersten paar Themen sind oft leicht gefunden, denn die Idee, einen Blog zu betreiben, gab es schon seit längerer Zeit. Für sie braucht man noch gar keinen ausführlichen Redaktionsplan, sondern kann die Beiträge auch ohne diesen bearbeiten und veröffentlichen. Das ist als Übung gar nicht verkehrt, denn so erkennt man schnell, welchen Aufwand man für einen einzelnen Blogbeitrag einplanen sollte. Wenn hinter manchen Themen mehr Aufwand steckt als hinter anderen, ist es gut, das für die weitere Planung bereits jetzt in Erfahrung zu bringen - entsprechend kann man es sich zeitlich einplanen.

Die folgenden Themen können hingegen schwieriger werden. Nach den ersten paar Beiträgen kann sich bereits herauskristallisiert haben, was die eigene Zielgruppe lesen will und was bei ihr besonders gut ankam - oder eben nicht. Die Themen, die sie gerne gelesen hat, sollten natürlich intensiver weitergeführt werden. Zudem kann man sich an Trends orientieren oder an aktuellen Themen, mit denen sich auch der eigene Blog auseinandersetzen kann. Oder aber man holt sich Inspiration von anderen Blogs und versucht, einen eigenen Interpretationsansatz zu der Thematik zu finden.

Die Themenfindung sollte ein regelmäßiger Prozess sein, denn irgendwann gehen die Themen aus. Viele Blogger notieren sich gerne in einem Notizbuch nur für ihren Blog ihre Ideen und arbeiten sie dann später aus. Andere setzen sich regelmäßig alle paar Wochen vor ihren Rechner, betreiben Recherche und notieren sich gleich mehrere Ideen für neue Beiträge auf einmal. Sie konzentrieren sich lieber einmalig auf die Aufgabe und haben dann wieder Ruhe für die nächste Zeit.

Zur Redaktion gehört neben der Themenfindung auch die Planung von Beiträgen. Das bedeutet, der Blogger muss sich Gedanken darüber machen, wie die Beiträge gestaltet sein sollen, in welchen sozialen Netzwerken sie auftauchen sollen, wie viele und welche Fotos oder Videos es zu ihnen geben soll. Wenn das feststeht, dann lässt sich auch abschätzen, wie viel Aufwand ein Thema in der Bearbeitung bereiten wird.

Falls noch Einkäufe oder Erledigungen für einen Beitrag zu tätigen sind, dann geht auch das aus einem gut geführten Redaktionsplan hervor. Schließlich will man nicht an dem Tag dastehen, den man sich fürs Bloggen ausgesucht hat, und dann keine Materialien für den geplanten Beitrag zu Hause haben.

6.2 Arbeit nach Redaktionsplan

Wer Redaktion sagt, muss auch Redaktionsplan sagen. Denn ohne diesen geht planvolles Bloggen fast nicht mehr. Selbst mit nur einem Kanal, also dem Blog alleine, ist es schon eine Herausforderung, alle Themen im Blick zu behalten, und regelmäßig etwas zu veröffentlichen. Umso anspruchsvoller wird es, wenn noch soziale Netzwerke dazukommen. Das Wort „Redaktionsplan“ hört sich zwar zunächst nach viel Arbeit an, für einen Blog hält sie sich aber in Grenzen und macht sogar Spaß. Zudem kann ein Redaktionsplan für einen Blog frei nach eigener Arbeitsweise geführt werden und muss sich an kein festes Schema halten - außer an das, mit dem jeder Blogger selbst am besten zurechtkommt und gut arbeiten kann.

Ein Redaktionsplan beantwortet folgende Fragen:

- Welche Themen gehen wann online?
- Was muss an Vorbereitungen erledigt werden?
- Welche Bilder/Videos und wie viele sollen angefertigt werden?

Wer hauptsächlich mit dem Blog arbeitet, kann den Redaktionsplan in Form von Entwürfen handhaben. Immer dann, wenn ein neues Thema in den Sinn kommt, kann ein Entwurf angelegt und darin notiert werden, worum es gehen soll, und was dazu alles erledigt werden soll. Auch eine kurze Zusammenfassung oder ein sprichwörtlicher roter Faden des Inhalts lässt sich hier festhalten. Nach und nach kann dann der Beitrag geschrieben, Bilder und Videos eingefügt werden, bis der Beitrag fertig ist und live gehen kann. Blogger, die mit Facebook oder Instagram arbeiten, posten auch gerne einen kleinen Teaser als Vorgeschmack auf den kommenden Beitrag. Ein Food-Blogger könnte beispielsweise das heutige Abendessen auf Instagram veröffentlichen und dieses gleichzeitig als Entwurf im Blog anlegen, damit es dann bald dort online geht - aber mit vollständig ausgearbeitetem Rezept und mehreren Fotos. Für Instagram muss dieser Aufwand gar nicht sein, denn hier soll es nur um einen kleinen Vorgeschmack aufs Thema gehen.

Wer gerne mit mehr Planung arbeitet oder diese braucht, kann mit Excel ganz einfach einen Redaktionsplan erstellen. Für Blogger ist das vollkommen ausreichend, teure Tools sind gar nicht erforderlich. In dieser Tabelle können folgende Punkte vermerkt sein:

- Wie lautet das Thema?
- Welche Fotos/Videos gehören dazu?
- Details zum Inhalt, wenn erforderlich (z. B. Rezept, Bezugsquellen der gezeigten Produkte, etc.)
- Veröffentlichungsdatum
- vorbereitete Posts für Facebook, Instagram, etc.
- To-do-Liste: Was muss vorher noch erledigt werden? (z. B. eine Einkaufsliste)

Je nachdem, was der individuelle Blog sonst noch vorgibt, sollten sich auch diese Details im Redaktionsplan wiederfinden. Wer beispielsweise mit Affiliate-Links arbeitet oder wenn für den Blogbeitrag bezahlt wird, braucht es vielleicht noch etwas mehr Vorbereitung, bevor der Beitrag live gehen kann.

Profi-Blogger oder Blogs im Unternehmen können hingegen mit professionellen Redaktions-Tools geführt werden. Diese erlauben es beispielsweise, im Team an einem Beitrag zu arbeiten, sodass jedem Teammitglied Aufgaben zugeteilt werden können, die für einen Post erforderlich sind. Einer übernimmt beispielsweise die Nachbearbeitung der Fotos, ein anderer schreibt den Beitrag, und der Social-Media-Verantwortliche kümmert sich um die Posts in den sozialen Netzwerken. Diese Tools können zwar viel, kosten allerdings auch Geld. Deswegen werden sie fast nur dann eingesetzt, wenn es sich um den Blog eines Unternehmens handelt oder mit dem Blog bereits ausreichend Geld verdient wird.

6.3 Fotos, Videos... wie viel Multimedia braucht ein Blog?

Heutzutage arbeitet kaum noch ein Blogger ausschließlich mit Text, sondern auch mit Bildern oder auch mit Videos - je nachdem, was zum Thema passt. Fotos eignen sich, um die Stimmung zu beeinflussen, fertige Ergebnisse zu zeigen. Videos hingegen sind optimal, um erklärungsbedürftige Arbeitsschritte vorzuführen oder sich auch selbst vor die Kamera zu setzen, und zu den eigenen Lesern zu sprechen, etwa in Form eines Videotagebuchs. Da beinahe jeder Blogger heute mit unterschiedlichen multimedialen Inhalten arbeitet, erwarten die Leser das beinahe schon. Umso lieber folgen sie einem spannenden Blog dann aber auch.

Die Entscheidung, mit welchen multimedialen Inhalten gearbeitet werden soll, sollte schon früh getroffen werden. Natürlich muss das nicht immer so bleiben, doch so kann man zumindest schon einmal die erforderliche Technik dafür organisieren. Für den Anfang empfiehlt es sich, vor allem mit den Inhalten zu arbeiten, mit denen man sich auskennt und die man leicht umsetzen kann. Wer beispielsweise eine gute Kamera zu Hause hat und auch schon schöne Fotos damit machen kann, sollte sich anfangs an Fotos halten. Es kann später immer noch mit Videos experimentiert werden.

Gedacht werden muss nicht nur an die Technik, sondern auch an Requisiten. Selbst in der schönsten Wohnung bietet sich oft nicht von vornherein die perfekte Stelle, um Fotos und Videos zu machen. Modeblogger beispielsweise dürfen sich ruhig vor dem Spiegel im Schlafzimmer fotografieren, wollen aber vielleicht einige Kleidungsstücke in Sichtweite in den Hintergrund hängen, damit es so wirkt, als sei es ein spontaner Schnappschuss beim Einräumen des Kleiderschranks. Je nach Motiv erfordern die Hintergründe und Requisiten mal mehr und mal weniger Arbeit, doch Zeit muss sich für sie genommen werden. Andernfalls fallen hinterher nur Kleinigkeiten auf, die nicht gut aussehen und sich vermeiden lassen hätten.

7. Leser und Follower gewinnen

Die ersten Blogbeiträge sind online, doch so recht kommentiert werden sie noch nicht. Warum eigentlich nicht? Und was lässt sich tun, damit sich das ändert? Spätestens an diesem Punkt hinterfragen die meisten Blogger ihre Arbeit und merken, dass es mit dem Schreiben allein noch nicht getan ist.

Erfolgreiche Blogs haben eine feste Leserschaft, die immer wieder zu ihnen zurückkommt. Nicht bei jedem Blog ist die Kommentarspalte belebt, bei manchen findet die Interaktion fast nur in den sozialen Netzwerken statt. Bei anderen wiederum wird in den Kommentaren rege diskutiert und es sind immer wieder die gleichen Namen, die dort auftauchen. Diese feste Leserschaft ist wichtig, denn sie ist für den Blogger die Motivation, mit seiner Arbeit weiterzumachen. Wenn sich daneben noch neue Leser oder gelegentliche Besucher finden - umso besser.

Doch was ist notwendig, um aus einem Blog eine belebte Seite zu machen, die auch wirklich gerne gelesen wird?

7.1 Warum sind Stammleser wichtig?

Stammleser eines Blogs halten ihn am Leben. Kaum ein Blogger würde über Monate oder Jahre die gute Arbeit aufrechterhalten, wenn niemand lesen will, was er zu erzählen hat - auch, wenn er das Hobby natürlich hauptsächlich für sich selber macht. Die Stammleser kommentieren und geben Tipps, was sie gerne lesen würden, wie ein Blogbeitrag noch besser gestaltet werden könnte oder was sie bereits gut finden. Sie lernen den Blogger mit der Zeit immer besser kennen und suchen den Austausch mit ihm. Das ist in erster Hinsicht wichtig für die eigene Motivation, denn durch die Stammleserschaft weiß man als Blogger, für wen man sich die ganze Arbeit macht, wenn es mal phasenweise keinen Spaß machen sollte.

Feste, wiederkehrende Leser sind aber auch dann wichtig, wenn man mit dem Blog irgendwann Geld verdienen oder mit Unternehmen kooperieren will. Diese werden fragen, wie viele Besucher der Blog hat. Die Antworten der Blogger fallen sehr unterschiedlich aus. Manche wissen genau, wie viele wiederkehrende Leser sie haben, da sie beispielsweise E-Mail-Adressen von ihnen haben. Andere schauen sich hingegen an, wie viele Besucher ihr Blog in einem bestimmten Zeitraum hatte. Je „größer" ein Blog, desto interessanter werden natürlich auch die Möglichkeiten, mit Unternehmen zusammenzuarbeiten oder sogar Geld zu verdienen.

7.2 Leser, Fans, Follower...

Früher war alles noch einfach. Es gab den Leser, der den Blog regelmäßig besuchte und vielleicht ab und zu seine Meinung in der Kommentarspalte hinterließ. Den gesprächigen Stammleser kannte man als Blogger, den stillen Mitleser eher nicht, aber er war da. Heute ist es nicht mehr ganz so einfach, denn so mancher Follower wird dem Blogger gar nicht schwerpunktmäßig über den Blog folgen. Stattdessen werden aber seine Beiträge auf Instagram regelmäßig geliked und kommentiert.

Das bedeutet, dass also nicht nur auf die Leser des Blogs geschaut werden sollte. Auch auf Facebook und Co wollen Fans oder Follower gefunden werden. Unternehmen, die mit Bloggern zusammenarbeiten, schauen sich auch diese Zahlen an und ziehen daraus Schlüsse.

Die Fans und Follower in den sozialen Netzwerken wollen natürlich nicht nur schöne Fotos und Videos anschauen und sich dann mit dem Blogger nicht weiter befassen. Auch auf diese Weise lässt sich aus einem gelegentlichen Besucher ein fester Stammleser machen. Denn wenn er den Blog (noch) nicht regelmäßig besucht und abonniert hat, dann kann er über diese Kanäle darüber informiert werden, dass ein neuer Beitrag online gegangen ist. Andernfalls hätte er das vielleicht nicht bemerkt.

7.3 Der RSS-Feed

Ein RSS-Feed ist dazu gedacht, Veränderungen auf Websites anzuzeigen, also beispielsweise neue Blogbeiträge. Diese Feeds sind in jedem Blog standardmäßig integriert und können vom Leser abonniert werden. Wenn dieser dann in seine Feed-Sammlung schaut, würde er sehen, dass auf seinen Lieblingsblogs neue Beiträge erschienen sind. Wenn ihn das Thema interessiert, besucht er über den Feed den Blog und liest sich den Beitrag durch.

RSS-Feeds gibt es schon sehr lange. Sie werden zwar heute nicht mehr so aktiv genutzt wie früher, dennoch gibt es aber Blogs, die hierüber viele Abonnenten haben. RSS-Feeds werden heutzutage vor allem von Lesern genutzt, die grundsätzlich gerne in Blogs unterwegs sind und meistens mehreren Blogs aktiv folgen. Auf diese Weise behalten sie im Blick, was auf ihren Lieblingsblogs passiert, ohne jede interessante Seite jeden Tag aufs Neue besuchen zu müssen.

7.4 Neuigkeiten per Mail

Die Stammleserschaft braucht Wege, um von neuen Beiträgen zu erfahren. Andernfalls müssen sie den Blog regelmäßig aufs Neue besuchen - und dafür fehlt ihnen entweder die Zeit oder sie haben schlichtweg keine Lust dazu. Wohl aber würden sie den Blog besuchen, wenn sie wüssten, dass dort etwas auf sie wartet, was sie interessiert. Deswegen bauen sich vor allem professionelle Blogger eine Mailingliste auf, die bei jedem neu veröffentlichten Beitrag eine kurze Mail an interessierte Leser verschickt. Immer, wenn Blogger etwas veröffentlichen, bekommen die Stammleser einen kurzen Hinweis in ihre E-Mail-Postfächer und können den Blog besuchen. Dadurch schauen sie zwar nicht mehr von selbst regelmäßig vorbei, doch sie sehen immer gleich, wenn etwas neu veröffentlicht wird. Sie sind also genau dann zur Stelle, wenn es sich auch für sie lohnt.

7.5 Neuigkeiten via Social Media

Insbesondere Facebook eignet sich dazu, den Link zu einem soeben neu veröffentlichten Beitrag auch dort zu teilen. Die Fans überschneiden sich sicherlich mit den regelmäßigen Besuchern des Blogs, doch das ist gerade gut so. Sie können bequem direkt auf den Link klicken und müssen gar keinen Newsletter abonnieren, um von neuen Beiträgen in ihren Lieblingsblogs zu erfahren.

Eine weitere Option sind Gruppen auf Facebook. Hier dürfen Links zum eigenen Blog geteilt werden. Das kann sogar immer dann gemacht werden, wenn ein neuer Beitrag online gegangen ist. In diesen Gruppen nervt man damit auch niemanden, denn hier treten die Mitglieder bei, um immer wieder Inspiration zu bekommen und auf Blogs aufmerksam gemacht zu werden, die sie vielleicht noch nicht kannten.

7.6 Blogverzeichnisse

Blogverzeichnisse oder -listen sind heutzutage nicht mehr so aktuell wie früher, werden aber nach wie vor genutzt. Das hat sogar aus heutiger Perspektive mehrere gute Gründe.

Zunächst einmal bieten Blogverzeichnisse oft ein kleines Siegel an, das der Blogger auf seiner Seite integrieren kann. Das sieht professionell aus und außerdem gibt es auf diese Weise einen Link zurück vom Verzeichnis zum eigenen Blog. Links sind in der Suchmaschinenoptimierung wichtig.

Bloglisten dienen häufig anderen Bloggern und auch ganz gewöhnlichen Lesern zum Stöbern. Sie suchen sich hier Inspiration und stoßen dabei oft auf Blogger, die sie selbst noch gar nicht kannten. Auch das kann einen neuen Leser bringen, der gerne wiederkommt.

Schlussendlich versenden die aktiv betriebenen und liebevoll geführten Bloggerverzeichnisse regelmäßig E-Mails mit den neuesten passenden Blogbeiträgen an ihre eigenen Leser. Diese können entweder einzelne Blogs abonnieren oder ein Thema angeben, das sie interessiert. Auf diese Weise können einerseits neue Leser angesprochen werden, die den Blog andernfalls vielleicht nie entdeckt hätten. Andererseits kann man den eigenen Blog auch hierüber von interessierten Stammlesern abonnieren lassen, und sie erfahren dank des Newsletters regelmäßig davon, wenn neue Beiträge online gegangen sind.

8. Zusammenarbeit mit anderen Bloggern

Es gibt viele andere Blogger und darunter auch solche, die sehr nah am eigenen Thema liegen. Doch als was sind diese zu sehen? Als Konkurrenten, um die Leser oder als helfende Hände, die sich gerne mit anderen Bloggern austauschen und sich gegenseitig unterstützen?

Blogger bilden untereinander eine starke, gut vernetzte Community, die sogar ab und zu zusammenarbeitet. Natürlich wird es Blogger geben, die sich auf rein menschlicher Ebene nicht miteinander verstehen oder die eine unterschiedliche Auffassung vom gleichen Thema haben - doch wo gibt es das nicht? Meistens aber sind Blogger immer offen für Austausch, sie helfen gerne bei Fragen weiter und unterstützen insbesondere Anfänger dabei, ihren eigenen Blog auf die Beine zu stellen. Denn letztendlich ist kein Blog wie der andere. Selbst, wenn zwei Blogger im gleichen Themenfeld arbeiten - sie haben sehr wahrscheinlich nicht genau die gleichen Ideen und können sich deswegen sogar dann eher ergänzen, als einander Konkurrenz zu machen.

So sehen das auch die Leser der Blogs. Wer bereits einen oder ein paar Blogs liest, der ist meistens auch dazu bereit, noch einen weiteren zu lesen, wenn er interessant erscheint. Denn was macht das schon aus, statt vier künftig fünf Blogs regelmäßig zu besuchen? Durch die Zusammenarbeit mit anderen Bloggern kann man also deren interessierte Leser auf sich selbst aufmerksam machen und dadurch gleich noch einmal profitieren.

8.1 Blogger auf sich aufmerksam machen

Um mit anderen Bloggern zusammenzuarbeiten, müssen diese erst einmal auf den eigenen Blog aufmerksam werden. Viele Blogger schreiben nicht nur selbst - sie sind auch Stammleser bei etlichen anderen Blogs. Sie identifizieren sich mit ihrem Hobby und holen sich natürlich auch gern neue Inspiration und Denkanstöße bei anderen, loten aber auch aus, ob diese für einen kleinen Austausch unter Bloggern oder gar eine Zusammenarbeit interessant wären.

Die anderen Blogger merken natürlich nichts vom Besuch auf ihrer Seite, wenn man sich dort nur still umschaut. Der erste Schritt besteht also darin, sich in der Kommentarspalte zu verewigen. Das hat den netten Nebeneffekt, dass man den eigenen Blog dort verlinken kann. Beim Eintrag des Kommentars gibt es meistens ein Feld, in das die eigene Blog-URL eingetragen werden kann. Das sollte zwar nicht mehr als Methode zum Linkaufbau genutzt werden, denn Suchmaschinen sind längst so schlau und haben erkannt, dass das gerne versucht wird. Es sollte vielmehr als Möglichkeit gesehen werden, dem anderen Blogger zu zeigen, was er sich unbedingt einmal anschauen muss. Beim Kommentieren in anderen Blogs darf man ruhig von Blogger zu Blogger sprechen. Über ein Lob freut sich jeder. Interessant aber wird es, wenn Fragen kommen wie: „Welche Kameraeinstellungen hast du denn für das erste Foto verwendet?», „Wie bist du auf genau dieses Thema gekommen?“, oder: „Hast du Erfahrung mit...?“ Dadurch fühlen sich die anderen Blogger als Fachleute anerkannt und freuen sich ganz nebenbei über die Gelegenheit, sich mit jemand anderem auszutauschen, der bei ihrem Thema wirklich mitreden kann.

Die Kommentarspalte ist natürlich nicht der einzige Weg, andere Blogger kennenzulernen. Fast jeder hat auch eine Facebook- oder Instagram-Seite. Wenn die Beiträge des anderen Bloggers wirklich spannend sind, dann interagiert man doch gerne mit ihm auf diesem Wege. Es ist gar nicht nötig und sogar eher kontraproduktiv, dort ständig den eigenen Blog zu posten, es geht allein um Austausch. Die anderen Blogger werden sich von ganz alleine ansehen, wer da so fleißig mit ihnen interagiert.

8.2 Bloggertreffen und -events

Marken, Eventveranstalter und auch Blogger selbst laden regelmäßig zu Bloggertreffen und -events ein. Die Anlässe sind ganz unterschiedlich. Die großen und bekannten Influencer werden natürlich regelmäßig zu Filmpremieren, Produktlaunches, schillernden Partys und sonstigen Anlässen eingeladen - Seite an Seite mit dem klassischen Journalismus. Kleinere Blogger müssen bis dahin noch viel Arbeit in ihr Projekt stecken, aber vielleicht wollen sie auch gar nicht zwingend dorthin.

Für den Anfang ist es sinnvoll, sich mit anderen Bloggern zu treffen. Solche Events findet man beispielsweise in den sozialen Netzwerken in den Bloggergruppen. Dort treffen sich Blogger aus der Region, entweder alle auf einmal oder nur die, die sich mit einer bestimmten Thematik befassen. Wer möchte, kann natürlich auch etwas weiter fahren, die Mühe wird es wert sein. Auf solchen Bloggertreffen geht es ganz zwanglos zu, oft trifft man sich in einem Restaurant oder einer Bar und lernt sich kennen. Neulinge sind immer willkommen und treffen auf Blogger, die selber gerade erst angefangen haben, aber auch auf echte Profis. Von Tipps bis zu Möglichkeiten einer Kooperation mit anderen Bloggern kann dabei alles herauskommen.

Etwas anders geht es zu, wenn Marken oder Events Blogger einladen. Sie erhoffen sich dann etwas von ihren Gästen, beispielsweise einen Bericht über den Tag, eine spätere Zusammenarbeit oder gar ein längerfristiges Projekt. Das wird vorher kommuniziert und jeder kann entscheiden, ob er das möchte oder nicht. Auch hier kann man andere Blogger kennenlernen, das Programm ist aber vom Veranstalter vorgegeben. Es gibt beispielsweise eine Führung durch die Produktion, eine Interviewstunde, Vorträge oder ein Live-Testing der Produkte.

8.3 Gastbeiträge

Gastbeiträge sind Posts in anderen Blogs. Dabei laden andere Blogger ihre Bloggerfreunde ein, einen thematisch zu ihnen passenden Beitrag zu verfassen, der auf ihrem Blog veröffentlicht wird. Es gibt eine kurze Einleitung, in der der Gastautor vorgestellt wird, und dann übernimmt dieser für einen Post die Regie. Gastbeiträge sind eine tolle Möglichkeit, die Leser des anderen Blogs mit einer kleinen Kostprobe, auf den eigenen Blog aufmerksam zu machen.

Meist sind es die größeren oder etablierten Blogs, die nach Gastautoren suchen. Einige laden in regelmäßigen Abständen andere Blogger dazu ein, etwas bei ihnen zu veröffentlichen. Man kann dort direkt anfragen und sich für den nächsten Gastbeitrag bewerben. Andere wären auf Anfrage dafür offen und freuen sich, wenn sie gefragt werden. Aufrufe für Gastautoren gibt es auch oft in den sozialen Netzwerken in Bloggergruppen.

Ein Gastbeitrag auf einem anderen Blog ist immer eine individuelle Vereinbarung. Zunächst sprechen die Blogger untereinander ab, worum es gehen soll und was sich der andere Blogger wünscht. Soll es neben Fotos auch Videos geben? Darf sich auf diesen ein Wasserzeichen befinden? Wo wird der Autor des Gastbeitrags mit seinem Blog verlinkt? Wie soll er vorgestellt werden? Wird auf jedem der beiden Blogs ein Gastbeitrag veröffentlicht oder nur auf einem? Wer teilt den Gastbeitrag auf seinen sozialen Netzwerken - und wann?

8.4 Blogparaden und Blogstöckchen

Eine Blogparade ist nicht etwa ein großes Blogger-Straßenfest; das Fest findet lediglich in der digitalen Blogosphäre statt. Namen dafür gibt es viele, darunter Blogstöckchen, Blog-Aktion, Blog-Karneval oder Blog-Fasching. Der Gedanke dahinter, ist immer wieder der gleiche.

Ein Blogger, eine Marke oder ein Unternehmen wirft zuerst das sprichwörtliche „Stöckchen“. Sie veröffentlichen selbst einen Aufruf zum Mitmachen und geben dabei ein bestimmtes Thema vor. Dabei kann es sich um ein Wort handeln, um eine Fragestellung, um eine Topliste zum Ergänzen, um ein Foto oder Video und die teilnehmenden Blogger dürfen sich überlegen, was ihnen dazu einfällt. Der Kreativität sind keine Grenzen gesetzt. Wer teilnehmen will, greift das „Stöckchen“ auf und stellt einen Blogbeitrag dazu online.

Bei Blogparaden geht es zunächst natürlich um den Spaßfaktor. Die Themensuche ist manchmal schwer genug, also warum nicht die Idee eines Blogstöckchens aufgreifen und einfach mitmachen, wenn es passt? Zudem nehmen auch andere das Stöckchen auf und auf diese Weise lernt man sich untereinander kennen. Vielleicht hat ja ein anderer Blogger ebenfalls eine spannende Interpretation des Themas?

Ganz nüchtern betrachtet haben Blogparaden natürlich noch weitere Vorteile. Oft ist es so, dass die Teilnehmer die Links zu den anderen Blogbeiträgen in ihrem eigenen Beitrag einfügen müssen, wenn sie mitmachen wollen. Dadurch bekommt man ganz automatisch viele schöne Links auf einmal und die Leser der anderen Blogs werden auf das eigene Blogprojekt aufmerksam gemacht. Auch die anderen Blogger werden sich ansehen wollen, wen sie da verlinken. Auch vom Veranstalter gibt es einen Link, und dieser hat meist eine bekannte Website. Von dieser würde man ohne Weiteres eine Verlinkung bekommen und auch sie kann neue Leser bringen.

Für den Anfang macht es am meisten Spaß, an einer kleinen Blogparade teilzunehmen, um das Konzept kennenzulernen. Wer noch Unterstützung braucht oder dankbar für Tipps ist, kann jederzeit den Veranstalter oder die anderen Teilnehmer fragen. Ein paar erste kleine Blogstöckchen sind später für größere Veranstaltungen der Beweis dafür, dass man das schon einmal gemacht hat und weiß, worauf es ankommt. Blogger, die sich für bekanntere und größere Blogparaden interessieren, durchlaufen oft ein kleines Bewerbungsverfahren - vor allem dann, wenn sie für die Teilnahme von veranstaltenden Marken etwas geschenkt bekommen. Dann haben die Veranstalter schließlich Erwartungen und schöpfen mehr Vertrauen, wenn sie sehen, dass sie mit Bloggern zusammenarbeiten, die Erfahrungen haben.

8.5 Bloggergruppen

In den sozialen Netzwerken dreht sich alles um Vernetzung und Austausch mit anderen interessanten Leuten. Blogger nutzen insbesondere auf Facebook dazu die Gruppen. Neben einigen großen Bloggergruppen für jedes Thema und jede Art von Blog gibt es auch kleinere Nischengruppen für die, die thematisch enger gefasst sind und sich eher untereinander austauschen wollen.

Beide Gruppen sind sinnvoll für Blogger, insbesondere für Einsteiger. In den größeren Gruppen wird häufig zu gängigen Blog-CMS diskutiert, aber auch zu Webanalyse-Tools und Fragen rund um die Onlinevermarktung des Blogs. Erfahrene Blogger sind gerne bereit, Neulingen Tipps zu geben, und ihnen auch mal ganz praktisch zu helfen, wenn sie ein Problem mit ihrer Technik haben. Viele Blogger sind gleichzeitig auch gute Fotografen, sodass man sie auch in dieser Hinsicht um einen Tipp bitten kann. In den Gruppen für Blogger, zu bestimmten Themen, findet man hingegen oft Aufrufe zu Blogparaden oder kann sich mit anderen zu aktuellen Trends, guten Bezugsquellen für die benötigten Produkte und Requisiten austauschen oder erfahren, welche Unternehmen gerade Blogger aus diesem Bereich suchen.

9. Geld verdienen durch Bloggen

Bloggen kostet zunächst Geld. Es muss ein Theme gekauft, ein Hostinganbieter bezahlt und eine Domain gekauft werden, wenn man es von vornherein professionell aufziehen will. Wer auf all das verzichtet, investiert trotzdem Geld - alleine, um das Material für einen Blogpost zu kaufen. Vielleicht wäre dieses Geld sowieso genauso investiert worden, auch ohne Blog, doch Kosten sind Kosten.

Deswegen erscheint es für viele Blogger interessant, langfristig Geld mit ihrem Blog zu verdienen. Sicherlich kennt jeder die Top-Influencer wie Dagi Bee, Bibi und Sami Slimani, die mit ihren YouTube-Videos ebenfalls eine Art von Blog führen, und damit mehr als nur ein gutes Gehalt verdienen. Davon sind die meisten Blogger jedoch weit entfernt und müssten sehr viel Arbeit in ihr Projekt stecken, um das zu erreichen - auch, wenn es nicht ausgeschlossen ist. Viele Blogger wären jedoch schon glücklich, wenn die laufenden Kosten für ihr Hobby gedeckt wären und sie vielleicht beim Geldverdienen noch Spaß haben und tolle Neuheiten entdecken können. Das ist ein realistisches Ziel und es lässt sich auf viele Arten erreichen.

9.1 AdSense

Die einfachste und am schnellsten umzusetzende Möglichkeit sind bezahlte Werbebanner auf dem eigenen Blog. Hierfür gibt es viele Möglichkeiten, eine davon ist das Google AdSense-Programm. Wer jetzt skeptisch wird und sich fragt, ob das für den Blog wirklich ein Zugewinn ist, denkt vollkommen richtig. Denn kein Leser würde es lange mitmachen, von nervigen Werbebannern ständig bombardiert zu werden, und keinen Blogpost mehr entspannt lesen zu können. Mit professionellen Lösungen wie Google AdSense muss das gar nicht sein, denn hierbei entscheidet jeder Blogger selbst, wo und wie viele Werbebanner er zeigen will.

Das Prinzip ist denkbar einfach. Bei AdSense verdient der Blogger entweder immer dann, wenn ein Werbebanner geklickt wird, oder wenn er von einer bestimmten Anzahl an Personen gesehen wurde. Das bedeutet, dass ein Blog nicht zwingend Klicks braucht, um Geld zu verdienen - eine hohe Anzahl an Besuchern kann ebenfalls Geld bringen, denn die Banner werden dann entsprechend oft gesehen. Ein Klick bringt allerdings mehr Geld, als wenn der Banner nur gesehen wird. Bei anderen Anbietern läuft die Bezahlung sehr ähnlich ab.

AdSense ist deswegen eine Empfehlung, da es mit Plug-ins in die meisten Blogsysteme leicht einzubinden ist. Zudem können Blogger auswählen, welche Art von Werbung sie zulassen wollen, sodass nicht etwa neben einem Backrezept für Kinder die Werbung eines Sexshops erscheint. Sie können selbst darüber bestimmen, wo die Werbebanner gezeigt werden, damit es für den Leser nicht aufdringlich und nervig wirkt. Wer außerdem einen YouTube-Kanal betreibt, kann in diesen ebenfalls ohne viel Aufwand AdSense-Werbung einbinden, und hat die gleichen Kontrollmöglichkeiten wie auf einem eigenen Blog. Dadurch können gleich mehr Kanäle dafür sorgen, dass sich das Projekt mit der Zeit finanziell rentiert.

Mit AdSense werden heutzutage allerdings selbst die großen und reichweitenstarken Blogger nicht mehr reich. Lediglich ein kleiner Bruchteil aller Website-Besucher wird die Werbung anklicken - im Onlinemarketing ist von Klickraten zwischen 1 - 3 % auszugehen und das ist bereits gut. Dennoch ist AdSense als erste, einfach zu integrierende Einnahmequelle sehr zu empfehlen, und kann immerhin einen kleinen Beitrag zum Verdienst mit dem Blog beitragen.

9.2 Affiliate-Programme

Affiliate-Marketing ist eine der ältesten Disziplinen des Onlinemarketings. Hierbei gibt es zwei Seiten, den Affiliate und den Vendor. Der Vendor ist der Verkäufer des Produkts, der zunächst auch alleine an jedem Verkauf seiner Produkte verdient. Er bietet dem Affiliate die Möglichkeit, an jedem Verkauf mitzuverdienen, der durch ihn zustande gekommen ist. Ein Blogger könnte also beispielsweise einen Link in einem seiner Beiträge posten, der speziell für ihn erstellt wurde, und wenn darüber ein Kauf getätigt wird, dann verdient er einen kleinen Eurobetrag - je nachdem, wie viel das betreffende Produkt kostet und welche Provision individuell mit dem Vendor vereinbart wurde.

Das klingt zunächst kompliziert, wird aber tatsächlich recht simpel über Affiliate-Netzwerke geregelt. Hier können sich Hersteller anmelden und erklären, dass sie bereit sind, für Verkäufe eine Provision zu zahlen. Affiliates können sich dann bei den Herstellern bewerben. Diese prüfen jede einzelne Bewerbung zwar immer noch, können dadurch aber viel schneller neue Affiliates freischalten. Wenn sich dann eine Gelegenheit eröffnet, ein Produkt anzupreisen, etwa in einem Blogbeitrag, in dem es genutzt wurde, dann kann in diesem Beitrag schnell und einfach ein persönlicher Affiliate-Link gesetzt werden. Besucher, die entweder gleich oder innerhalb eines gewissen Zeitraums nach ihrem ersten Klick kaufen, bringen dem Blogger einen kleinen Verdienst ein.

Bekannt ist etwa das Affiliate-Programm von Amazon. Die Registrierung geht schnell und jeder Blogger kann dann schön gestaltete Produkttipps aus dem kompletten Sortiment von Amazon auf seinem Blog veröffentlichen. Der Leser sieht sofort, dass er zu Amazon geleitet wird. Der Vorteil: Sogar dann, wenn ein Kunde nicht genau dieses Produkt, sondern etwas völlig anderes bei Amazon verkauft, verdient der Affiliate daran trotzdem. Voraussetzung ist, dass der Kauf relativ schnell nach dem Klick auf den Affiliate-Link passiert ist.

Neben weiteren bekannten Netzwerken wie belboon gibt es auch die Möglichkeit, direkt mit Herstellern zu kooperieren. Viele haben eigene Partnerprogramme, an denen Blogger nach einer Bewerbung teilnehmen können. Informationen darüber finden sich auf den Websites der relevanten Hersteller.

9.3 Bezahlte Kooperationen und Produkttests

Besonders viel Spaß macht es natürlich, Produkte selbst auszuprobieren und eine Meinung darüber zu veröffentlichen. Wer als Produkttester bloggt, tut das sowieso - bezahlt oder nicht. Grundsätzlich kann jeder Blogger auf diese Art Geld verdienen, manche je nach Thema natürlich leichter als andere. Hierbei erhalten sie von einem Unternehmen ein Produkt aus dessen Sortiment und verwenden es in ihrem Blog. Sie testen es, ziehen es an, kochen oder backen daraus etwas, spielen mit ihren Kindern damit, verlosen es - der Kreativität sind keine Grenzen gesetzt, auch seitens des Unternehmens nicht. Denn dieses will eine echte, ungefilterte Meinung, auch dann, wenn sie eher negativ ausfällt, und der Blogger nicht überzeugt ist.

Große Blogs und Profiblogger erhalten ihre Anfragen wie von allein. Sie haben oft sogar eine Agentur, die sie vertritt, da sie allein gar nicht mehr hinterherkämen, die Anfragen zu selektieren. Kleinere Blogger rücken aber ebenfalls immer mehr in den Fokus der Hersteller, denn sie beeinflussen ihre Zielgruppen in kleinem Rahmen. Das ist jedoch nicht weniger wertvoll, ganz im Gegenteil. Viele Hersteller rufen in den Bloggergruppen der sozialen Netzwerke dazu auf, sich für aktuelle Produkttests zu bewerben. Es gibt auch Webportale für Blogger und Hersteller, auf denen sie sich registrieren, Produkttests und Kooperationen veröffentlichen und sich auf diese bewerben können. Empfehlenswert sind etwa RankSider, Blogger Circle, reachhero oder HashtagLove.

Als kleinerer Blog muss man sich oft damit zufriedengeben, keine Bezahlung zu erhalten, sondern lediglich das Produkt und vielleicht noch einige weitere Geschenke. Der Gegenstand der Zusammenarbeit ist kostenlos und er darf in der Regel behalten, verlost oder danach anderweitig verwendet werden. Größere Blogger dürfen mit einer Bezahlung rechnen, die sehr unterschiedlich ausfallen kann. Zwar stehen Unternehmen, die kein Geld für Kooperationen mit Bloggern zahlen, in der Kritik. Diese kritischen Stimmen gehen allerdings von den

Bloggern selbst aus, nicht etwa von einem Branchenverband - dieser Druck reicht den Unternehmen bis jetzt nicht aus, um Kooperationen als eine Leistung zu sehen, die Bezahlung verdient.

Viele große und etablierte Blogs nehmen deswegen keine unbezahlten Anfragen an. Mindestens genauso viele sind nach wie vor offen dafür, da sie wissen, dass sie anders nicht zu Produkttests und einer Zusammenarbeit kommen. Wenn das Produkt grundsätzlich interessant ist, man es vielleicht ohnehin gern ausprobiert hätte, und es sich dadurch nicht mehr selbst kaufen muss, ist ein Produkttest natürlich nicht verkehrt, sofern dafür nicht allzu viel erwartet wird. Entscheiden muss das aber jeder Blogger letztendlich selbst.

9.4 Spendenaufrufe

Insbesondere die Stammleser eines Blogs freuen sich jedes Mal, wenn ein neuer Artikel online geht. Sie folgen dem Blog schließlich nicht ohne Grund und hoffen, dass ihre Lieblingsblogger noch lange damit weitermachen. Wenn sie gefragt würden, dann würden sie „ihre" Blogger sicher gerne mal auf einen Kaffee einladen - oder ihnen einen kleinen Eurobetrag dalassen.

Ein Spendenaufruf auf einem Blog ist hierzulande zwar nicht weit verbreitet, kann aber natürlich trotzdem ausprobiert werden. Dazu wird an einer gut sichtbaren, aber nicht aufdringlichen Stelle eine kleine Bitte ausformuliert, doch etwas in die digitale Kaffeekasse zu werfen, wenn die Blogbeiträge dem Leser gefallen haben. Er kann dann über PayPal einfach selbst entscheiden, was er dem Blogger spenden will. Eine solche Aktion kann entweder dauerhaft laufen oder an ein bestimmtes Projekt gekoppelt sein, etwa die Anschaffung einer neuen Kamera für die Fotos oder den Relaunch des Blogs mit neuem Design. Am besten lässt sich der Spendenaufruf über ein Plug-in für diesen Zweck realisieren, denn dann hat der Blogger selbst damit nur wenig technischen Aufwand und kann sich darauf freuen, dass der eine oder andere Leser ihm für seine Arbeit dankt.

10. Bloggen ohne Website

Jeder Blogger hat eine Website - oder? Stimmt nicht!

Der „klassische“ Blogger betreibt natürlich seine eigene Website, die auf WordPress, Blogger.com oder einem anderen Blogsystem beruht. Hierüber veröffentlicht er Beiträge mit Bildern, Videos und weiteren Mediamaterialien, je nachdem, was ihm liegt. Vielleicht betreibt er noch weitere Social-Media-Kanäle, allerdings liegt der Schwerpunkt seiner Arbeit immer auf dem Blog als Website. So nahm die Blogosphäre zwar ihren Anfang, allerdings hat sie sich seitdem weiterentwickelt und es gibt Konzepte, die ganz ohne eine eigene Website funktionieren. Auch das sind vollwertige Blogs - sie tragen nur andere Namen. Wer sich also gar nicht mit dem Gedanken anfreunden kann, eine eigene Website zu betreiben, sollte sich intensiver mit diesen Formen des Bloggens befassen.

10.1 Vlogger - Bloggen mit Bewegtbild

Die Stars und Sternchen der Influencer-Szene sind tatsächlich selten Blogger mit Website. Der Schwerpunkt ihrer Arbeit liegt auf Videos, die oft auf YouTube gehostet werden. Eine offizielle Bezeichnung für sie lautet „YouTuber“ oder „Vlogger“, ihre Projekte sind Videoblogs oder kurz Vlogs.

Hinter dem schwer auszusprechenden Namen steckt nichts anderes als ein Blogger, der nicht schreibt, sondern Videos dreht. Es kann, muss aber keinen klassischen Blog zu ihm oder ihr geben. Schwerpunkt ist der Videokanal. Dieser muss natürlich nicht zwingend auf YouTube zu finden sein, auch Alternativen wie vimeo kommen infrage. Die bekannten Vlogger sind jedoch alle auf YouTube groß geworden, denn hier erreichen sie die erforderlichen Reichweiten.

Um Vlogger zu werden, braucht es zunächst nicht mehr als eine Videokamera und einen eigenen YouTube-Kanal - oder einen Kanal im gewünschten Netzwerk. Außerdem erfordert das die Bereitschaft, sich selbst vor die Kamera zu stellen und direkt zu den Fans und Followern zu sprechen. Erfahrene und erfolgreiche Vlogger tun das natürlich gerne und haben längst kein Lampenfieber mehr - genauso gibt es natürlich Blogger, die sich das überhaupt nicht vorstellen können und deswegen gar nicht erst mit dem Vloggen beginnen wollen. Für den Anfang reicht ein einfacher Camcorder, vielleicht ist auch ein Stativ für die Kamera sinnvoll. Damit kann man sie ganz leicht fixieren und sie so einstellen, dass man sich entspannt davorstellen kann und sich nicht zu verrenken braucht, um ein gutes Video zu drehen. Außerdem kann man dann auf die Hilfe von Familie und Freunden als Kameramann verzichten. Mit der Zeit wollen sich Vlogger natürlich auch weiterentwickeln und ihre Videos nachbearbeiten, wozu sie die entsprechenden Programme brauchen. Die Arbeit mit diesen lässt sich genau wie die Bearbeitung von Fotos gut erlernen.

Thematisch kann ein Vlog genauso ausgerichtet sein wie ein Blog. Großen Erfolg haben beispielsweise Schmink- und Beautytipps, Produkttests aller Art, Koch- und Backrezepte sowie Tutorials, die auch gerne anspruchsvolle Themen bedienen dürfen. Vlogger, die sich beispielsweise gut in der Fotografie, im Filmen, in einer bestimmten Sportart oder in der Bedienung von Programmen auskennen, drehen für ihre Followers regelmäßig Tutorials zu ihrem Thema und zeigen ihnen dabei ganz praktisch, wie es geht. Für viele Themen eignet sich ein Vlog gerade deswegen so gut, da mit ihm praktisch demonstriert werden kann, was nur mit Worten und Fotos schwierig zu beschreiben ist.

Dadurch, dass heutzutage jeder selbst broadcasten kann, haben sich unter Vloggern auch neue Formate und Themengebiete entwickelt, die mit einem Blog als Website gar nicht möglich gewesen wären. Dazu gehören beispielsweise Let‘s Play und Follow me Around. Hierbei geht es entweder um Spiele, sei es am Computer oder ganz klassisch am Spielbrett, oder aber um Vlogger, die ihre Followers durch Events und Veranstaltungen, besondere Orte auf der Welt, Restaurants führen oder sie auf eine Sightseeing-Tour mitnehmen. Bei Let's Play zeigen mehr oder weniger erfahrene Spieler etwa, wie ein besonders schwieriges Level in einem Computerspiel zu bewältigen ist, wo Cheats auf den Spieler warten oder wie sie eine besondere Herausforderung meistern. Bei Follow me Around nehmen Vlogger ihre Kamera mit auf ihre Entdeckungsreisen, und diese können sie überall hinführen. Viele Unternehmen und Eventbetreiber bezahlen reichweitenstarke Vlogger für ein solches Follow me Around durch ihr Event, damit potenzielle künftige Gäste sehen können, was sie auf keinen Fall verpassen dürfen. Beliebt ist dieses Format auch unter Reisebloggern, die ihre Follower auf diese Weise mit auf ihre Weltreise nehmen, oder unter Restauranttestern, die ihre Fans auf ein Abendessen in spannende Locations einladen.

Der Vlog ist ein genauso umfangreiches und eigenständiges Format wie der Blog geworden. Während beide Varianten gut miteinander harmonieren und parallel zueinander betrieben werden können, können sie auch voneinander losgelöst existieren. Viele Vlogger haben heutzutage gar keinen Blog mehr, da sie sich vor der Kamera wohler fühlen oder ihr Thema so stimmiger präsentieren können.

10.2 Instagram-Blogger

Zu so manchem liebevoll aufgebauten Instagram-Account gibt es gar keinen Blog mehr. Zwar haben reine Instagrammer nicht den gleichen Stellenwert wie Vlogger, aber es gibt sie. Zu ihrem individuellen Thema passt der Blog als Website einfach nicht oder sie wollen sich die Arbeit nicht machen, da sie sich alleine auf Instagram ausreichend gut präsentieren können.

Reine Instagrammer befassen sich häufig mit Trendthemen wie gesunder Ernährung, Fitness, Mode oder Einrichtung. Zudem haben sie alle sehr bildlastige Themen, denn auf Instagram geht nichts ohne Bilder. Dadurch fordert ein eigener Blog als Website sie aber auch wieder heraus, denn wie sollen sie ihre vielen und auch notwendigen Fotos auf ihrem Blog so grafisch ansprechend präsentieren, dass sie der Leser gerne anschaut und wiederkommt?

Für fotobasiertes Bloggen ist Instagram also ideal, denn hier können auch gerne mehrere Fotos über den Tag verteilt gepostet werden. Auf einem Blog würden mehrere Bilder pro Tag eher untergehen oder sie müssten über den Tag verteilt gesammelt und dann so aufbereitet werden, dass ersichtlich wird, auf welchen Tagesabschnitt sie sich beziehen. Auf Instagram hingegen können sie direkt hochgeladen, kurz beschrieben und mit einigen relevanten Hashtags versehen werden, schon können die Fans damit interagieren. Auf diese Weise ist es möglich, mit Schnappschüssen zu arbeiten, die gar nicht groß durchdacht sein müssen, denn genau diese Ausschnitte aus dem Alltag des Instagrammers wollen seine Followers auch sehen.

Viele Instagrammer arbeiten zwar schwerpunktmäßig hier, haben aber trotzdem noch einen Blog. Diesen nutzen sie für Themen, die zwar zu ihrem Instagram-Kanal passen, aber nicht den Charakter einer spontanen Berichterstattung haben. Fitness-Blogger beispielsweise sind auf Instagram sehr aktiv, da sie morgens, mittags und abends posten, was sie essen, wie sie trainieren und wie sie gerade aussehen. Auf ihrem Blog veröffentlichen sie weniger häufig Fitness- und Trainingstipps, Rezepte oder Produktempfehlungen. Auf diese Weise wird jeder Kanal so genutzt, wie er am sinnvollsten einzusetzen ist. Beides ergänzt sich optimal.

10.3 Bloggen über Twitter

Twitter ist der erste Microblogging-Dienst und hat auch heute noch eine gewisse Relevanz, wenn auch nicht für jedermann. Das Netzwerk mit dem blauen Vogel gilt als Sammelplatz für Journalisten und alle, die sich für Nachrichten und News in ganz kurzer Form interessieren. Neben den Medienhäusern wird Twitter aber auch gerne von bekannten Persönlichkeiten und Meinungsführern genutzt, um kurze Infos zu verbreiten oder auf aktuelle neue Beiträge in ihren Blogs hinzuweisen

Zugegeben: Ganz ohne eigenen Blog arbeiten die meisten Twitter-Persönlichkeiten nicht. Sie nutzen die Kurznachrichten eher als Möglichkeit, mit einer Zielgruppe in Kontakt zu treten, die sich gerne in kurzer Form austauscht und informiert und sich dann die Inhalte herauspickt, die sie wirklich interessiert. Dafür ist Twitter allerdings sehr gut geeignet. Es hat viele wichtige interaktive Funktionen, die auch in anderen Netzwerken vorkommen, etwa Hashtags oder die Möglichkeit, in einem Tweet einen anderen Twitter-Account zu verlinken und diesen auf sich aufmerksam zu machen. Gerade das ist für Blogger eine interessante Option, denn sie können durch die Markierung anderer Accounts auf deren Tweets antworten und eine eigene Meinung kundtun. Auf diese Weise kann ein interessanter Austausch entstehen, durch den sich die Kontakte zu anderen Bloggern pflegen lassen. Zudem bekommen auch andere Follower auf Twitter das Gespräch mit und können ihm folgen oder sich einklinken, wenn sie wollen. Auch auf diese Weise können neue Leser auf den Blog aufmerksam werden.

10.4 Podcasting

Podcasting ist eine inzwischen nicht mehr ganz neue Form des Bloggens, bei der es um die Vermittlung von Inhalten in Form von Ton oder Ton und Bild geht. Ein Podcast ist wie ein Radiosender, nur, dass er nicht in Dauerschleife läuft, sondern neue Inhalte abschnittsweise zur Verfügung stellt. Hörer können einem Podcast folgen und werden dann immer benachrichtigt, wenn der Podcaster einen neuen Inhalt veröffentlicht hat. Diesen hören sie sich entweder an oder sehen ihn sich an - je nachdem, in welcher Form der Podcast sich präsentiert.

Der Begriff selbst leitet sich ab vom Apple iPod, der den Erfolg der Podcasts erst möglich machte. Über Apple iTunes war es möglich, Podcasts zu abonnieren und Neuigkeiten mit jeder Synchronisierung mit iTunes direkt auf das Gerät zu ziehen. Natürlich geht das heute auch mit jedem anderen MP3-Player oder Smartphone und man kann sich Podcasts auch einfach am Rechner oder am Tablet ansehen. Der markenneutrale Begriff Netcast hat sich allerdings nie richtig durchsetzen können, da bis dahin der Begriff Podcast schon von den Produzenten genutzt wurde.

Unter den Podcastern finden sich zunächst vor allem die bekannten Broadcaster wie Fernseh- oder Radiosender. Bekannte TV-Persönlichkeiten bieten oft ebenfalls einen eigenen Podcast an und arbeiten dabei auch gerne mit ihren Kollegen zusammen. Das bedeutet aber nicht, dass es nicht auch Podcasts von Hobby-Podcastern gibt. So mancher YouTuber ergänzt seine Arbeit beispielsweise durch einen Podcast, denn er hat ja bereits Erfahrung in der Produktion multimedialer Inhalte. Der einzige Unterschied zu seinem Vlog besteht darin, dass er jetzt nicht mehr alleinstehende Themen behandelt, sondern eine Serie entwickelt und diese im Abo zur Verfügung stellt.

Podcasts kommen genau wie ein Vlog vor allem dann infrage, wenn das Thema sich schwer mit Worten allein beschreiben lässt und auch Fotos nicht ausreichen, um es vollständig zu erfassen. Beliebt sind Podcasts beispielsweise in der Vermittlung von Wissen. Dieser Trend geht nicht nur von den TV-Kanälen mit ihren eigenen Podcasts aus. Auch so manche Hochschule bietet spannende Podcasts an, die neue Studierende auf sie aufmerksam machen oder Wissen zu einem bestimmten Thema auf hohem Niveau. „Trockene“ Themen sind aber nicht die Einzigen, die gut ankommen. Weitere Podcasts stellen ihren Abonnenten Comedy oder selbst gedrehte Serien von Hobbyschauspielern zur Verfügung. Wieder andere stellen eine Ergänzung zu einem bestehenden Blog dar und liefern Inhalte, die dieser auf der Website gar nicht anbieten könnte.

Ein Podcast kann für sich alleine ohne einen Blog als klassische Website auskommen. Trotzdem beruhen viele Podcasts auf bereits bekannten Formaten, sei es auf einer Sendung eines bekannten TV-Kanals oder auf einem Blog. Sie sind zwar nicht so beliebt wie Vlogs oder Blogs, denn nicht jeder hat die Zeit und Muße, sich regelmäßig in einen Podcast zu vertiefen. Dennoch werden sie von Leuten, die sich nebenbei berieseln lassen oder sich mit Ton und Video wohler fühlen, sehr gern genutzt.

10.5 WhatsApp-Newsletter

Zugegeben: Kaum ein WhatsApp-Newsletter ist tatsächlich ein eigenständiges Projekt, ohne einen Blog oder Vlog dahinter. Das Format ist noch sehr neu und entstand aus dem Trend heraus, dass vor allem junge Leute die sozialen Netzwerke mit ihrer öffentlichen Wirkung gar nicht mehr so gut finden. Sie teilen sich nicht mehr jedem mit, sondern selektieren, wem sie ihre Botschaft wirklich senden wollen - und tun das dann gezielt über Messenger-Programme. Neben dem Facebook-Messenger oder Apps wie Snapchat gibt es in diesem Bereich hauptsächlich WhatsApp.

In WhatsApp haben sich schon immer Gruppen anlegen lassen, in denen die Kommunikation allerdings von jedem Gruppenmitglied ausging. Für einen Blogger würde das schlecht funktionieren, denn seine Stimme wäre nur eine unter vielen und würde in der Masse womöglich untergehen. Stattdessen kann ein Blogger aber eine WhatsApp-Nachricht an mehrere interessierte Empfänger versenden, genau wie einen Newsletter oder eine Benachrichtigung über neue Blogposts per E-Mail. Voraussetzung dafür ist genau wie bei einer Mail, dass der Abonnent dem vorher zugestimmt und sich freiwillig für den Erhalt des Newsletters eingetragen hat. Inzwischen aber werden WhatsApp-Newsletter von Bloggern und Vloggern gerne genutzt und sind eine Möglichkeit, die Besucher an das Blogprojekt zu binden.

Künftig wäre es natürlich denkbar, dass es irgendwann einen WhatsApp-Newsletter gibt, zu dem kein Blog gehört. Heutzutage nutzen

Blogger WhatsApp aber eher, um ihre Abonnenten auf neue Posts oder Videos hinzuweisen oder sie mit ganz speziellen Inhalten zu versorgen. Als Fitness-Blogger könnte man beispielsweise per WhatsApp die Leser mit tagesaktuellen Rezepten versorgen, die sie selber nachkochen können, um gemeinsam das Fitnessziel zu erreichen. Eine gute Idee wäre auch ein vorbereiteter Einkaufszettel, damit die Followers sich nicht einmal mehr diesen noch selber schreiben müssen. Wer gemeinsam mit dem Fitness-Blogger am Ziel arbeiten will, kann das dann ohne viel Planung tun und hat einen echten Mehrwert vom WhatsApp-Newsletter.

Um ihn zu realisieren, reicht es nicht, lediglich eine WhatsApp-Gruppe anzulegen. Stattdessen ist ein Tool wie WhatsBroadcast erforderlich, über das eine WhatsApp-Message an jeden Empfänger einzeln verschickt werden kann. Der Vorteil besteht darin, dass dann nicht mehr übers Handy gearbeitet werden muss, sondern von einem PC aus. Der Blogger kann sich also vorher überlegen, was er schreibt, und auch mehrere Nachrichten auf einmal vorbereiten. Diese werden dann nach einem festen Zeitplan verschickt und sie können vorgeplant werden, sodass man nicht morgens, mittags und abends das aktuelle Rezept versenden muss. Wer sich vom WhatsApp-Newsletter abmeldet, wird vom System automatisch erfasst und auch hiermit hat der Blogger keine Arbeit mehr. Die betreffende Handynummer wird einfach automatisch gelöscht.

11. Fazit

Blogger gibt es, seitdem das Web 2.0 entstanden ist. Sie waren eine der ersten „Symptome“ dafür, dass das WWW im Begriff war, interaktiver zu werden. Besser gesagt: Blogger gab es schon vorher, das Web 2.0 eröffnete ihnen lediglich die vielen Möglichkeiten, die sie heute haben.

Früher war es noch leicht, mit einem eigenen Blog zu starten. Kaum jemand machte das und somit waren selbst Themen, mit denen sich fast jeder ein wenig identifizieren kann, noch völlig unbesetzt. Das nutzten Amateure aller Art aus und begannen, öffentlich über ihre Hobbys und Leidenschaften zu berichten. Ihre Arbeit machte den ersten Bloglesern so viel Freude, dass bald auch Unternehmen das Potenzial der Onlinetagebücher erkannten und sie als Bestandteil in ihren Marketingmix aufnahmen. Als Erfolgsbeispiel gilt bis heute etwa der Blog der quadratischen, praktischen, guten Ritter-Sport-Schokolade. Es ist nicht ganz einfach, Leser dazu zu bringen, auch wirklich zu kommentieren, doch auf diesem Blog funktioniert das - und zwar bis heute, trotz zahlreicher Alternativen in den sozialen Netzwerken, mit dem Unternehmen in Verbindung zu treten.

Auch heute noch kann ein neuer Blog erfolgreich werden - es dauert nur vielleicht länger und erfordert Spaß an der Sache. Fast jeder hat etwas zu erzählen und es zeigt sich mit jedem neuen Blog, dass auch Themen eine Leserschaft finden, von denen man es vorher nie gedacht hätte. Neben vielen Mode-, Reise- und Food-Bloggern gibt es so manchen Blog, der sich mit Nischenthemen wie dem Leben mit einer Krankheit, besonderen Berufen und Ehrenämtern oder Hobbys auseinandersetzt, die nicht jeder macht.

Gute Voraussetzungen hat, wer sich etwas mit dem WWW auskennt und vielleicht sogar dazu in der Lage ist, mit einer Website zu arbeiten. Doch das kann man lernen. Viele erfolgreiche Blogger stammen aus einem ganz anderen Umfeld und hatten vor ihrem Blog überhaupt keine technischen Grundkenntnisse. Heute sind sie durch Learning by Doing in der Lage, das Design ihres Blogs eigenständig anzupassen oder ihre Texte mit HTML interessanter zu gestalten. Somit ist ein Blog gleichzeitig auch ein Lernprojekt und vermittelt Fähigkeiten, die im Leben bestimmt noch einmal nützlich sein könnten - sei es im Job oder privat.

Bloggen kann außer dem Lerneffekt noch viele weitere Vorteile haben. Sicherlich sucht sich jeder Blogger ein Thema aus, hinter dem er steht und mit dem er sich gerne und viel befasst, auch ohne den Blog. Dadurch, dass er jetzt öffentlich darüber schreibt, Videos dreht oder in den sozialen Netzwerken aktiv ist, kann er Kontakt zu anderen knüpfen, die das gleiche Hobby haben - und vielleicht Erfahrungen, Tipps oder Tricks auf Lager, die beide weiterbringen. Ohne das gemeinsame Hobby Bloggen hätte man sich nie kennengelernt. So manche Freundschaft hat sich schon durch das Bloggen entwickelt und auch Blogger, die über ihren Beruf schreiben, finden auf diese Weise neue interessante Kontakte, die sie vielleicht eines Tages weiterbringen. Durch die großen, bekannten Influencer hat heutzutage außerdem jeder schon einmal vom Bloggen gehört. Auf diese Weise hat man gleich ein interessantes Gesprächsthema - denn sicherlich interessiert sich jeder dafür, wie das Leben als Blogger wirklich aussieht, gerade wenn man nicht zu den Blogger-Stars gehört.

Mit der Zeit lässt sich mit einem Blog nicht nur das eigene Hobby leben und ein Neues beginnen. Damit kann man sogar Geld verdienen oder spannende Neuheiten rund ums eigene Thema geschenkt bekommen, für die man andernfalls eher Geld ausgegeben hätte. Denn mit der Zeit werden Unternehmen auf den Blog aufmerksam und sie wissen, dass Blogger mit ihrer Meinung über Produkte und Angebote ihre Leser beeinflussen. Leser, die auf Blogs und im Social Media immer wieder ein Produkt sehen und live mitverfolgen können, wie Blogger es testen und bewerten, haben dadurch mehr Vertrauen in das Produkt.

Sie kennen es schließlich schon und wissen, dass „ihre“ Blogger ihnen nichts empfehlen würden, hinter dem sie selber nicht richtig stehen. Diese Möglichkeit erweitert die Vielfalt beim Bloggen und ermöglicht so manchem Blogger, seine Hobbys mit noch mehr Spaß an der Sache zu betreiben.

Hauptsächlich soll Bloggen aber Spaß machen, wenn man es nicht gerade in der Marketingabteilung eines Unternehmens tut. Selbst dann ist der Unternehmensblog oft das Projekt, mit dem sich die Marketingmitarbeiter am liebsten befassen. Bloggen erfordert Zeit und kann am Anfang auch bedeuten, dass man zunächst Geld in das neue Hobby investieren muss. Das Blogdesign soll schließlich stimmig sein und mit einer eigenen Domain prägt sich dem Leser der Name des Blogs gleich viel besser ein. Auch heute noch werden immer wieder neue Influencer-Stars und -Sternchen geboren, doch die meisten Blogger stellen mit der Zeit fest, dass sie sich bis dahin gar nicht entwickeln wollen - auch, wenn sie am Anfang noch viel ambitionierter waren. Das ist aber auch gar nicht schlimm, denn sie merken mit der Zeit, was ihnen Freude am Bloggen bereitet und womit sie sich eher nicht befassen wollen. Manchen Bloggern macht es Spaß, ein Produkt nach dem anderen zu testen und darüber zu schreiben. Andere hingegen haben die Zeit dafür nicht und wollen auch gar nicht ständig nach Unternehmen Ausschau halten, mit denen sie zusammenarbeiten könnten.

Sie finden viel mehr Freude daran, sich ihre Themen selbst auszusuchen und nur das zu bearbeiten, was ihnen wirklich liegt. Diese kleine Selbstfindungsreise muss jeder Blogger einmal durchlaufen, doch danach weiß auch ein jeder, was ihm liegt und wo er sich langfristig sieht. Auch muss man beim Bloggen nicht jedem Trend hinterher laufen, nicht jedes verfügbare soziale Netzwerk bespielen und zu jedem Bloggerevent gehen. Es geht hauptsächlich um den Spaß an der Sache und jeder Blogger darf und soll nur das machen, was ihm oder ihr wirklich Spaß macht. Dadurch bleibt man bei diesem manchmal zeitaufwendigen Hobby eher am Ball und betreibt den Blog dauerhaft.

Außerdem gibt es doch kaum ein schöneres Gefühl, als wenn ein neuer Blogbeitrag oder ein neues Video online gegangen ist und die Fans und Follower sich dafür mit Kommentaren, Meinungen, Feedback und dem einen oder anderen ehrlich gemeinten Like für die harte Arbeit bedanken!

Impressum

Digital Academy wird vertreten durch:

Instyle Supply and Control Limited

20th Floor, Central Tower, 28

Queen's Road, Central, HK

Coverbilder

[creativelog] | [Fiverr]

Haftung für externe Links

Das Buch enthält Links zu externen Webseiten Dritter, auf deren Inhalt der Autor keinen Einfluss hat. Deshalb kann für die Inhalte externer Inhalte keine Gewähr übernommen werden. Für die Inhalte der verlinkten Webseiten ist der jeweilige Anbieter oder Betreiber der Webseite verantwortlich. Die verlinkten Seiten wurden zum Zeitpunkt der Verlinkung auf mögliche Rechtsverstöße überprüft. Rechtswidrige Inhalte waren zum Zeitpunkt der Verlinkung nicht erkennbar. Eine permanente inhaltliche Kontrolle der verlinkten Webseiten ist jedoch ohne konkrete Anhaltspunkte einer Rechtsverletzung nicht zumutbar. Bei Bekanntwerden von Rechtsverletzungen werden derartige Links umgehend entfernt.

45939484R00036

Printed in Poland
by Amazon Fulfillment
Poland Sp. z o.o., Wrocław